一生受用的

猶太人家教

孟達夫　著

猶太人的家教——驚醒世界

猶太人的家教驚醒世界，為什麼？

因為這個民族在亡國兩千多年之後，還能重新建國（以色列），這在世界的歷史上是絕無僅有的，整個民族在兩千多年的流亡生涯中，沒有土地、祖國，只能寄人籬下，生活飽受屈辱、驚恐、歧視、排斥以及苛虐、屠殺……卻能存活下來。更神奇的是，不但活著，還不被同化而活出自己、活得揚眉吐氣，真是了不起！

他們就像在大千世界的雞籠中，還是一眼就可以被看出來，這個就是鳳凰。

你瞧——

二十世紀諾貝爾得主中，猶太人占五分之一。

全美二百名最有影響力的人物，猶太人占二分之一。

全美最頂尖大學的名牌教授，猶太人占三分之一。

全美文學、藝術、電影、戲劇、音樂界名人，猶太人占五分之三。《富比士》公布全球最有錢的前四十名，猶太人占了十八位。

所以，有人說，這個世界若是沒有猶太人，歷史是不是要倒退回去了？看看這些猶太名人對世界的進程作出了什麼貢獻，愛因斯坦、馬克思、佛洛伊德、洛克菲勒、普立茲、華納兄弟、史蒂夫・史匹伯以及谷歌的謝爾蓋・布林、星巴克的霍華・舒茲……等等。

一個民族的優秀並不是上帝把好的雞蛋都放在同一個籃子，而是由於這個民族的先天遺傳因子（DNA）以及後天成長中所受的家庭教育所造成的。

猶太人教育下一代，看起來十分簡單，可是別的民族卻無法做到。說穿了，差異就在民族個性的不同，只要你能好好研究猶太人的家庭教育根源，你才會充認識到猶太人的家教，在平凡中處處都有其不平凡之處。那麼，我們再來複習一下猶太父母給孩子的家教吧！

1・每個孩子都是天才

孩子是一張白紙，只要從小養成生活的好習慣，以及隨著年齡的增長，必須啟動他頭腦的積極思考力（正面思維），猶太人不給孩子魚，而是給他釣竿。這樣才會培養出個性獨立而又有益於社會的人。

2・女性是家家的核心

以家庭而言，父親扮演的角色是強健孩子的骨骼與精神，而母親卻成為孩子的人生導師，從小教他愛與情感，教他追求知識以及猶太民族所重視的智慧。

3・猶太家庭的五個智慧教育

一、生命力（生命創造力）
二、自控力（情緒ＥＱ）
三、思考力（開放的思維方式）
四、實踐力（生活與團隊精神）
五、學習力（不斷追求知識）

4・信仰是道德的底線

這部份對無神論者，可能會帶來困擾，眾所皆知猶太人自喻為神之子，因此宗教、神是他們一生中不可分割的一部分，猶太人自出生即與猶太教是一體的。有信仰就會有道德的基準，才不會變成我行我素的情緒動物，這種人只要擁有了追求的目標，就能以理性的方式去追求。以猶太人的角度來說，因為信仰是做人的準則，必須合乎神的約束：（一）正直的說話，（二）正直的作事，（三）不說謊，（四）拒絕賄賂，（五）閉眼不看醜惡的事，（六）閉耳不聞邪惡的事。

5・不斷追求智慧

火燒房子時，猶太的母親會教導孩子，要帶走的不是金銀細軟，而是書籍。猶太人從小教育孩子追求智慧，智慧不是不停的閱讀以獲取更大的知識，猶太人是愛書的民族，不過他們不做背負了很多書本的驢子，他們要孩子讀活的書，把書的知識吸收消化後納為己用，才會成為智慧。人沒有錢不要緊，但不能沒有智慧，因為智慧本身就是「一技之長」。

6・合理的休息

現在時代的齒輪目前已踏上周休二日的行程了，可在幾千年前，猶太人就擁有了休息日，猶太人的禮拜天也是結合了人際關係的交流（上教堂敬神與他人交往）與家人聚會（聚餐）的意義，休息是為了走更長遠的路，猶太人絕對會在休息日把自己從工作中抽離，而沉浸在另一個寧靜溫馨的喜樂中。

綜觀猶太人的家教，他們並不是要去造就一個個賺錢的機器，而是培養出一個維護家庭核心價值與敬天（敬神）成為有信仰的人，同時也是一個擁有（懂得）以同理心去愛他人、服務社會的人。

也許你已讀過許多猶太人的書，但希望你能重新審視這些書的內涵，我們以「生存、處世、生活、金錢、生意、學習、談判、幽默」等八個大方向為主題，來闡述之。記住：讀過的書放著永遠是死的文字，而拿起來活用，這些書就會成為你本身的智慧！

前言

著名的猶太教拉比——摩雪斯．伊雪爾斯（十六世紀的古拉卡人）年紀尚輕時就喪妻。於是他就在亡妻的墓前敘述了一段誰都會感動的哀思追悼文。

不久以後，他就到岳家要求岳父，讓他娶亡妻的妹妹過門。

不過，岳父卻拒絕了他，而老人家的理由是：

「對於亡妻，能夠說出那麼無懈可擊的追悼文的人，乃是對妻子沒有真正愛情的狡猾之輩！」

你看，這是多麼睿智的一席話！

說到「猶太人」，人們很容易就把他們同「錢」與「智慧」聯繫在一起，猶太人幾乎成了錢與智慧的代名詞了。猶太民族對整個人類的貢獻是巨大的，在生活的各個領域，都能看到猶太民族的傑出人物。

共產主義創始人卡爾・馬克思、偉大的科學家愛因斯坦、著名的心理學家佛洛伊德、著名詩人海涅，這些人物的名字人們都早已耳熟能詳了。

在經濟領域中，猶太人更是出盡了風頭，被稱為歐洲第六大帝國的締造者羅斯柴爾德、美國石油大王約翰・洛克菲勒、股神沃倫・巴菲特、金融大鱷喬治・索羅斯、新聞大王約瑟夫・普立茲、華爾街金融巨頭約翰・摩根……

他們都是取得成功的猶太人，他們都是絕頂聰明的猶太人，但他們並不是超人，也如同你我般的出自平凡，那麼使他們獲取成功的力量來自哪裡呢？

猶太人那種神奇力量的祕密，與其歷經五千年的「傳統性教育」有關。猶太人約在二千年前失去了國家，在這段長久的時間中，一直沒有祖國的庇護，而流浪於全世界，但他們也從各種迫害及異族所給予的屈辱中，學會了生存和戰勝一切的商業法則。要人們去理解猶太人由逆境中所獲得的商業才能，這或許是件很困難的事。然而，這個比任何民族都要艱苦的少數民族，卻能建立全球性商業基礎，不得不令世人刮目相看。

曾有研究猶太人的專家認為支撐猶太文明的有三大支柱：

（一）以猶太文化傳統為主體的民族認同感；

（二）以猶太教為紐帶的共同信仰和價值觀；

（三）以家庭為基礎、猶太會堂為核心的社團網路。

也許就是，猶太文明是古老的，它在與其他文明互相碰撞中保持自己的獨立性，同時又在與其他文明的交融中改造了自身，而不斷向前奔去。

在長年的漂泊流浪中，在大遷徙中，苦難和艱辛迫使猶太民族不得不用智慧去生存，他們認為財富可以被帶走，惟有智慧和知識永不流失，知識比金錢重要，而智慧則比知識更為重要，這正是這本傳世之書形成的主要原因。

俄國文學泰斗托爾斯泰，曾經說過：「猶太民族的智慧包含了一些永不消逝的溫情與魅力的偉大東西，就像玫瑰色的晨星，閃耀在寂寞的清晨，那是對於人類靈魂永恒祕密的充滿無限激情的探索。」

讀一本書很容易，懂一本書就必須下一些工夫，去思考、去探索，要了解猶太五千年的智慧，你就必須用心去開啟那扉智慧之門！

CONTENTS

Lesson 01

生存的智慧

Lesson 02

處世的智慧

Lesson 03

生活的智慧

Lesson 04

金錢的智慧

Lesson 05

生意的智慧

Lesson 06

學習的智慧

Lesson 07

談判的智慧

Lesson 08

幽默的智慧

Lesson 01

生存的智慧

跑得快和跑得慢的馬，

哪一種更好？

答案是完全取決於你的方向是否正確。

1 悲劇都是不了解自己與別人的強弱在哪裡，以及不知道如何趨吉避凶所造成的。

猶太人認為人是很弱小的，也認為人都會犯錯與犯罪。「贖罪日」是猶太教的一個重大節日。其實，這一節日在本質上是猶太人承認人性脆弱的一種體現。在這天，猶太人都要絕食，終日祈禱懺悔。同時猶太人也會強調弱者也有他們自己的優勢，在社會生活中沒有絕對的弱者。

有這樣一個故事，講述了猶太智慧中對於強者與弱者的基本看法——

一隻掉隊的野鹿不安地四處張望著。一隻老虎發現了這隻野鹿，老虎已經餓了一整天了，於是藉著草叢的掩護，牠潛行到野鹿後面。野鹿還沒有發現，老虎突然像子彈一般地躥出去，衝向那隻野鹿，這時野鹿才知危險已經到來，本能地閃躲著老虎的攻擊。

老虎第一回合撲了個空，轉身再度撲來，野鹿拔腿狂奔，閃進一處灌木叢裏。在灌木叢裏追逐獵物可不是老虎所長，牠在外面搜尋了一會兒，低吼幾聲，蹣跚地回到原來的土丘上。

這是一則類比出來的草原競爭，雖然是類比，卻是事實——老虎是草原上的強者，很多動物根本不是牠的對手。還有些動物，一看到牠就四肢無力，癱在地上等待厄運的到來。

可是你也發現了吧，有時候老虎也會抓不到野鹿！和老虎比起來，野鹿是弱者；野鹿之外，草原上還有許多弱者，可是，這些弱者至今仍然存在，可見在動物的世界裏，沒有絕對的強者和弱者，有的只是相對的。

這是一種生態平衡，我們也可以這麼說——在動物世界裏，強者固然有他的大地，弱者也有屬於自己的一片天空！

和動物世界一樣，在人的世界裏，也沒有絕對的弱者。在田徑場上，跑得快的便是強者；在考場上，分數高的便是強者！可是，田徑場上的強者並不一定是考場上的強者，考場上的強者也不一定是商場上的強者！

因此，所謂的「優勝劣汰」只描述了一部分的真實，這句話並不是真理，如果錯誤理解了這句話，那麼自認為「弱者」的人，可不就一輩子沒有出頭的日子了！

在人性叢林裏，如果知道自己何以為強，何以為弱；別人何以為強，何以為弱，並巧妙地避免以己之弱去面對他人之強，積極地以己之強去面對他人之弱。如果還能靈活地運用第三者與他人的強弱關係，來彌補自己的「弱」，或避免自己遭到別人的「強」的侵犯，那麼你就不是絕對的「弱者」了！

2 一旦陷入盲從的境地，就不能算是一個自由人了。

摩西是猶太人歷史上一位偉大的領導者。在猶太人心中，摩西有崇高的地位，但是猶太人卻不視他為偶像。在這種思想的指引下，猶太人常常脫離常規考慮問題，伽利略（一五六四——一六四二年意大利物理學、天文學家）正是因為他敢於脫離常規，才能推動著人類文明一步一步地前進。

有一個故事，就是在說猶太人不仰視權威。

律師西蒙從老師家裏出來，優閒地騎著毛驢，感到很快活。突然，有一個長相非常醜的人向他打招呼：「早上好，先生。」

西蒙看了他一眼，忍不住脫口而出：「你可真醜陋啊！你周圍的人都和你一樣難看嗎？」

那人回答說：「我不知道。但是你可以去跟我的造物主說：『你造出來的東西是多麼的醜陋啊！』」

西蒙意識到自己犯了錯，於是他向這個人鞠躬，說：「我向您鄭重道歉，請原諒。」

但是，那個人卻不領情，他憤怒地的說：「我不會原諒你，除非你去我的造物主那裏說：『你造出來的東西多麼醜陋啊！』」

西蒙跟在那人身後來到鎮上。當鎮上的人看到西蒙，都尊敬地說：「祝你平安，先生。」

「你們這是在向誰致意？」那個人驚訝地問。

「跟在你身後的那個人。」人們回答說：「他是一位智者。」

「如果那人真是一位智者，」他大聲說：「那麼全以色列就再也找不到普普通通凡夫俗子了。」

人們很奇怪，都問他為什麼這樣說，他講了剛剛發生的事情。

「可是你應該原諒他啊，」人們驚訝地說：「因為他是一個很博學多才華的律師啊。」

「為了你們，我會原諒他。」那人最後說：「但是他以後再也不許做這樣的事了。」

這個非常醜的人之所以不願原諒西蒙律師，是因為他並不盲從權威。當他認為西蒙犯錯時，敢於堅持自己的正義。

在猶太人的語言中，「希伯來」是指站在與別人不同的地方。換句話說，每個猶太人都有一個可以獨立站立的地方，才能不盲從權威，才能立足於社會。

國王並非是高高在上的強權者，而是負有保護其統治下的「人民權利」使命的人。但是，王權始終是有所限制的，所以你不應把任何領袖視為偶像。

《塔木德》中有許多鼓勵人們反抗的話語，它的基本觀念在於：人必須脫離常規，才能促進進步。換句話說，人不可以仰視權威。

3 以自強不息之精神超越磨難，它能使平凡的人做出一番驚人的事業。

猶太人至今保持著自己民族的特色和凝聚力。千百年來，猶太人的人才輩出，精英遍佈世界。自強不息是猶太人的一個優良傳統，在困難和挫折面前他們從不退縮，迫害和殺戮也阻擋不了他們前進的路。自強不息的精神是催人奮進和獲取成功的法寶，是猶太人生存的一種致勝之道。

小蝸牛爬到媽媽身邊問：「媽媽，為什麼我們一生下來就要背負這個又硬又重的殼呢？」

媽媽答道：「傻孩子，因為我們的身體沒有骨骼的支撐，只能爬，但又爬不快。所以需要用這個殼來保護自己！」

小蝸牛不解地問：「那毛蟲姊姊也沒有骨頭，也爬不快，為什麼牠卻不用背這個又硬又重的殼呢？」

媽媽說：「因為毛蟲姊姊能變成蝴蝶，到那時天空會保護她呀！」

小蝸牛還是忍不住問道：「可是蚯蚓弟弟也沒有骨頭，也爬不快，也不會變成蝴蝶，牠為什麼不背這個又硬又重的殼呢？」

媽媽十分有耐心地解釋著；「這個啊，因為蚯蚓弟弟會鑽入泥土中，大地會保護牠啊！」

小蝸牛聽到這裏哭了起來：「媽媽，我們好可憐，天空不保護我們，大地也不保護我們！」

媽媽笑著安慰他說：「孩子，所以我們有殼啊！我們不靠天，也不靠地，我們靠自己來保護自己。」

故事中的小蝸牛並不可憐，因為牠已經有了自己的殼，可以保護自己。人就應該像故事中的小蝸牛一樣，開始學會自己靠自己，無論環境是安逸還是艱苦。

4 既然已經來到這個世界，就應該主動推開人生之門。

猶太人的母親會告訴孩子，有三種東西不能使用過多：酵母、鹽、猶豫。

——酵母放多了，麵包是酸的。

——鹽放多了，菜是苦的。

——猶豫多了，則會喪失稍縱即逝的機遇。

猶豫是因為害怕失敗，失敗讓人變得謹慎多慮。猶豫的表現是以各式各樣的藉口延緩行動，結果當然是坐失良機。

坐而言商不如起而行動，有行動才有事物的轉變。

在猶太民間有這樣一則小故事——

有一個四歲的小女孩，一天在外面玩耍時，發現了一個鳥巢被風從樹上吹掉在地，從裏面滾出了一隻嗷嗷待哺的小鳥。小女孩決定把牠帶回家餵養。

當她托著鳥巢走到家門口的時候，她突然想起媽媽不允許她在家裏養小動物。於是，她輕輕地把小麻雀放在門口，走進屋去請求媽媽。在她的哀求下，媽媽終於破例答應了。

小女孩興奮地跑到門口，不料小麻雀已經不見了，她看見一隻黑貓正在意猶未盡地舔著嘴巴。

小女孩為此傷心了很久。但從此她也記住了一個教訓：只要是自己認定的事情，絕不可優柔寡斷。

這個小故事雖然十分簡單。

不過，給人們卻產生了極大的震撼效果！

我們的生活。每天都會遇到各種不同的狀況，面對問題有些人總是拿不定主意，需要別人不斷敦促。很多時候這並不是因為他們缺乏果斷，而是由於他們辦事拖拖拉拉，以致喪失了大好的良機。

另有一些人，他們絕不會為任何事物所阻礙，他們具有明確的判斷力和堅強的決心，生來就是從事高尚事業的人，他們靠智慧尋找成功的契機，靠果斷的毅力獲得成功。他們總是立即投入任何事情，當他們剛做完某事又會著手於另一件事情的事前準備。這樣的人注定與幸運有緣。

只有用果斷成熟的判斷力來指導自己的人生，不因為猶豫不決而坐失良機，才不會讓自己後悔。人生之門我們若不主動地將它推開，它就會永遠關閉著。

5 不必一天到晚想東想西，就抓住離你最近的目標吧！

知識浩瀚無邊，不要毫無方向地飄蕩，為了避免耗費自己有限的時光，每一個人都應該選定一個對自己最有利的目標揚帆前進。善於根據目標的需要，不斷進行學習，使有限的精力得以充分利用。

一場罕見的洪水襲擊了一個小村落，許多人被無情的洪水奪去了生命。一個三口之家也是這場災難的受害者，丈夫在洪水中救起了自己的妻子，而他們十歲的兒子卻被淹死了。對於這個家庭的不幸遭遇，許多人都深表同情。

但事情漸漸出現了變化，另外一些人對那個男人的選擇產生了疑問。在突如其來的洪水面前，丈夫挽救妻子的生命，而放棄了他們的兒子。「難道在災難來臨的時候，孩子就應該成為被捨棄的對象嗎？」一時間這話題成為了村裏人們爭論的主要內容。

一個外地人路過這裏，聽說了這個故事之後。對於爭論，他不想了解。只是他很想知道：如果那個丈夫只能救活一個人，究竟應該救妻子還是救孩子呢？妻子和孩子到底哪一個更加重要呢？於是，他專門去拜訪了那個丈夫。

「我根本來不及想什麼，當洪水到來的時候，妻子就在我身邊。於是我就立刻抓住她拼命地往山坡上游。而當我返回去要救兒子的時候，兒子已經不見了。」他痛苦地回憶著。

「請不要過於悲傷，畢竟你在那剎那間已從洪水中救回了妻子。」外地人最後說道。

主人公的選擇是正確的，救活一個，勝過失去兩個。面對洪水，他可以做到的就是緊緊抓住離自己最近的妻子，這是最為現實和明智的，同時也是最有效的。如果他放棄妻子先去救孩子，可能最後一個人也救不了。

太高的奢望和不切實際的目標，是沒有價值的。只有把握好最近的目標，努力付出才可能有回報。

正因為許許多多的猶太人能集中人生有限的時間和力量，去攻克一個又一個目標，所以他們能最終獲得成功，這是永恒的人生智慧。

另外，確立目標要切合個人的實際情況，要把自己的目標放在力所能及的位置上，才不會流於空談。

6 不要老是好高騖遠，而忽略了盛開在你窗前的玫瑰。

大事都是從小事一點一點做起來的，從細微處著手，最後你才能把握全局！

一個人想知道天空是從哪裡開始的。他首先遇到一隻螞蟻，他問螞蟻：「天空是從哪裡開始的？」

螞蟻回答說：「天空是從你鞋子那麼高的地方開始的。」

他繼續向前走，遇到了一隻山羊，他問山羊：「天空是從哪裡開始的？」

山羊回答說：「天空是從草原消失的那個地方開始的。」

最後，他遇到了一位白髮皤然的老人，他向老人求教：「天空是從什麼地方開始的？」

老者說：「天空是從你的腳下開始的。」

天空開始於你的腳下，世界也是如此。世界開始於每一個人，因此你絕不可以說：「我怎麼能有改變世界的力量呢？我是完全無能為力的啊！」

有的時候，當你面前有很多工作要完成的時候，面對看似艱難的任務，不要害怕，你只需要專注眼前的每一步，循序漸進地去做就可以了。

不敢向前走，是因為你的懶惰情緒和沒有自信心。這些想法讓你還是懷疑自己的能力，站在原地不敢行動。如果你一直在那裏站著發呆，過了一段時間，你會發現本來在你後頭的人都已經走在你的前頭了。

你可能會問：「他們是怎麼做到的呢？是不是有什麼奧妙的方法，或者有什麼捷徑可走？」

答案可是很平凡：「什麼也沒有！大家只不過是一步一步地向前走而已！」

認真走好每一步，積累每一個得來不易的成果，把它們一點一滴地聚集在一起，你會發現，原來沒有什麼任務不可能完成，只不過，實現的時間稍微長一些。儘管經歷的過程漫長，但是最後你還是成功了。

7

只要記住失敗的那天，就會產生強大的力量。

猶太人強調每一件東西都有用處，事物的好壞在於人對它的發掘、轉換、改變。好東西並不絕對的好，它也必定會有一些缺陷；壞東西也並不絕對的壞，它也有自身的特殊用途。逆境和順境，失敗和勝利也都如此。每一個人都能有作為，關鍵在於自身是否努力。

有一天，一位農夫彎著腰在院子裏鋤草。天氣很熱，他滿頭大汗，汗珠不停地順著臉頰流下來。

「可惡的雜草！假如沒有這些雜草，我的院子一定很漂亮，神為什麼要造這些討厭的雜草來破壞我的院子呢？」農夫這樣嘮叨著。

有一棵被拔起的小草正躺在院子裏，她很平靜地對農夫說：「你說我們可惡，也許你從來就沒有想到過，我們也是很有用的。現在，請你聽我說一句吧。我們把根伸進土中，等於是在耕耘泥土，當你把我們拔掉時，泥土就已經是耕過的了；此外，下雨時，我們防止泥土被雨水沖掉；在乾旱的時候，我們能阻止強風吹起沙塵；我們是替你守衛院子的衛兵，如果沒有我們，你根本就不可能享受種花、賞花的樂趣，因為雨水會沖走泥土，狂風會吹散泥土……所以希望你在看到花兒盛開之餘，能夠想起一些我們的好處。」

農夫聽了這些話，覺得小草的話很有道理。從那以後，他就再也不會瞧不起任何東西了。

猶太人不但紀念勝利的日子，同時也紀念敗北以及受到屈辱的日子。也許世人對這種做法會有不同的嘲笑和諷刺，但是幾乎所有猶太人都相信一點：只要記住失敗的那天，就會產生強大的力量。

在猶太社會的紀念日中，最隆重的節日應該算是「逾越節」了。這一天，是猶太人紀念他們重返以色列的日子。逾越節是整個猶太民族緬懷祖先，傾訴苦難，慶祝在上帝的關照下逃出埃及，從而擺脫奴隸困境，走向自由的節日。猶太人認為，遇到的苦難愈艱深，敗北的次數愈多，就會愈堅強。逾越節上吃苦菜和未發酵的麵包，是為了回味當時的苦難。

人生有成功，也有失敗，這是必然的，猶太人普遍對失敗持有一種容忍的、接受的態度。猶太人認為，如果一個人沈湎於成功的甜美之時，而忘掉了失敗的苦澀，那麼終有一天他會再次嘗到失敗的苦果。因為成功會使人鬆懈，使人自滿；而失敗卻使人奮進。回味失敗意味著不斷攀登成功巔峰；捨棄失敗即捨棄成功。

猶太人面對失敗、挫折，會先對「失敗」持健康的態度，不恐懼失敗，焦點應對準遠大的目標，活用自己的過錯或失敗。發現此路不通時，要設法另謀出路，使自己順應環境，適應潮流。猶太人善於伺機借勢，等待機遇。

8 快樂使人長壽，焦慮使人早衰。

赫爾修一有錢就去喝酒，以致一點積蓄也沒有，不過他看起來皮膚光澤，比實際年齡顯得年輕。

有一天，拉比問他：

「赫爾修啊！你為什麼看起來那樣的年輕呀！」

「那還不簡單？」赫爾修回答：「因為我自由了，家裡那婆娘早就離家出走了呀！」

《塔木德》中曾經說：

三種東西損害人的健康——

焦慮、旅行、罪惡。

三種東西有利於恢復人的精神——
動聽的聲音、美麗的景物、好聞的味道。

有一位志向遠大的畫家，他花費了大量的時間與心血，完成了幾幅他非常滿意的作品，他每天面對自己的作品陷入幻想，幻想著由此擺脫貧困的生活。在一次全國性的畫展中，他也參與了展出，但是卻受到了冷遇，並遭到了專業人士無情的評價。

在畫展結束之後，他只賣掉了其中的一幅作品，只得到了10英鎊。他拿著這10英鎊和剩下的作品，鬱鬱寡歡地離開了。

在剩下的日子裏，他始終沒再畫出什麼作品，畫家始終陷入憤怒與苦悶之中，抑鬱成疾，最終離開了令他失望的人世。

這名畫家因對他人的批評過於敏感而死於抑鬱的心情。即使抑鬱所產生的力量還不夠強烈到殺人，但它的影響也是危害至深的，一陣憤怒會倒人胃口，阻礙消化，並使人神智混亂。而且，還會顛倒理智和德行。正像將它整個美麗的面孔改為醜陋的魔鬼。

因此，無論在生活中遇到多大的不幸，都不要沈浸在悲傷的漩渦中。愉快的心情使人保持生機，快樂使人長壽；嫉妒和憤怒縮短人的壽命，焦慮使人早衰。心情愉快的人胃口好，吃得津津有味；妒忌者食慾不振。

9 不要終日憂心忡忡，不要為明日而煩惱。

在生活中，經常有恐怖、謹慎、懦弱及膽怯等因素控制人的活動，所以每個人最大的敵人就是自己，與生俱來的欲望和個性是很多人都難以克服的。一位拉比告誡人們時說：「今天將要發生的事，我們都還不知道，何必為明天而煩惱呢？」

斯賓向朋友詹尼夫借了一筆錢，眼看著明天就要到期了，可是斯賓到現在仍然囊空如洗，一毛錢也沒有。

「明天怎麼還債呢？」他腦子裏亂昏昏的，不知道明天怎麼向詹尼夫解釋。所以他雖然躺在床上，卻輾轉反側，睡不著覺，後來乾脆下床來，在床邊繞圈子，在椅子上坐了下來、又站了起來。他想了又想，仍然想不出個所以然來，真是煩透了。

這時，斯賓的太太突然開口說：「是不是能收回這筆錢？現在睡不著覺的，應該詹尼夫不是嗎？」果然一語驚醒夢中人，斯賓立馬恍然大悟了，於是他呼呼大睡，一覺睡到天亮了。

故事中的斯賓終於徹悟了——為尚未發生的事情憂慮是毫無必要的道理。和疾病搏鬥的最有效方法，並不是消極地殺死細菌或毒素，而是積極設法使自己的身體強健起來。

同樣的道理，生命的天平常在希望和絕望之間搖擺不定，只要增加希望的分量，就可以讓天平的指標，傾向於有利於自己的方向。與其和絕望搏鬥，不如維持希望。因此，為尚未發生的事情憂慮是很不明智的表現。

人生有三道門，分別通往過去、現在和將來。不可關閉這三扇門中的任何一扇，同時還要對每一扇門都保存希望，藉著過去的經驗，來把握現在、創造未來。

這是人生的真正目的。

為什麼尊敬年高德劭的長者？因為他們「過去」的那一扇門有寶物。為什麼年輕力壯的男女都很美？因為他們「現在」的門中有寶物。孩子為什麼可愛？因為他們象徵著「未來」——希望無窮。

人生本來就有晴朗的日子，也會有陰暗的日子，所以事情既然已經成為過去，誰也無可奈何。為了補償過去，所以會有未來，只要在今後的日子不失去希望，你就一定能隨心所欲地創造美好的未來。

10 超越別人，不能算真正的超越；超越自己，才算是真正的超越。

《塔木德》是猶太民族智慧的源泉，裏面有這樣一句話：「超越別人，不能算真正的超越；超越自己，才算是真正的超越。」

有一則，關於跳蚤的簡單實驗說明了這個哲理——

瓶中有一隻跳蚤，在沒加蓋透明的玻璃蓋子之前，牠能輕而易舉地跳出瓶外，加上蓋子以後，牠每次跳起來總要碰壁，跳起來一次，就碰壁一次，久而久之，牠變得聰明起來，為了不碰壁，牠再也不會跳得過高。

可悲的是，當有一天，蓋子完全去掉以後，牠也仍然只是跳那麼高，永遠也跳不出去了，因為牠已經習慣了……

有些人就像瓶子中的跳蚤一樣，總是停留在自己生活的固定圈子裏不肯出來。我們每個人都有兩個生命，父母只給了我們身體，生命的實質是要我們自己去賦予它真正的意義。只有創造力能讓生命變得與眾不同。我們每個人身上都有陋習，你必須放棄這些陋習，只有這樣你才能獲得創造力。

連自己都不能超越的人又怎樣去超越別人？人須經常思考新事物，否則和機器有什麼兩樣？

每天這樣想的人，必定能開闊自己的眼界，將它們組合起來，只有這樣才會產生新的智慧和洞察力。每個人都有與生俱來的創造力，只是有些人通過堅持不懈的學習，把它發揮了出來。更多的人則因為懈怠而讓這種才能荒廢掉了。

既然世界是如此寬廣，人就不要、也不必「自我設限」。

自我設限的人最不可取，這種人和「放棄自己」的人，沒什麼兩樣，只是一味「拖」著人生的人，一輩子都是在浪費生命，因為這種人沒有真正活出自己。

11 學會把事情倒過來思考，成功就在下一個轉彎處。

「逆向思維」的一個基本要素就是分出階段重點。這樣，你不得不將長遠目標和近期目標清楚地區分開來，然後再將逆向思維分別應用到每一個目標中去。

舉例來說，如果二十歲的你說到了四十歲時想成為政治家，這是不夠的。這個目標太過遙遠，逆向思維不能得以有效發揮。你必須瞄準所要取得的具體成績，這些成績才是助你步入高層政壇的高明戰術。

你想怎樣為自己樹立聲譽？想對社會做出怎樣的貢獻？

在前進的路上，你想擁有哪些特別的工作經驗？

你想在哪裡工作，與哪些人共事？

以上這些問題的回答為逆向思維提供了十分具體的目標。在考慮上述問題的同時，要將長遠目標分成一系列明確目標。目標越集中，逆向思維越奏效，整個過程花費的時間就會越短了。

在一次智力競賽中，有五名選手報名參加比賽。由這五個人來爭奪勝負。主辦者把參加決賽的五名選手帶到五個房間的前面，指指大門，說：「我現在把你們分別關在五個房間裏，門外有人把守。我看你們誰有辦法，只說一句話，就能讓門外的警衛把你放出去。不過有兩個條件：一、不准硬闖出門；二、即便放出來，也不能讓警衛跟著你。」

五個人各自走進了一個房間，思考著如何用一句話，就能讓警衛允許自己走出大門。然而，三個小時過去了，卻沒有一個人發出聲響。

正在這時，有個人很慚愧地低聲對警衛說：「這場比賽太難了，我不想參加這場競賽了，我要退出，請您讓我出去吧！」

警衛聽了，打開了房門，讓他走了出來。看著這個臨陣退縮的傢伙，垂頭喪氣地走出了大門，警衛有些惋惜地搖搖頭。

然而，走出大門的人隨即又回來了，他走到主辦者的面前說：「您看，按您的要求，我辦到了！」

此例中的主人公，就是運用了逆向思維，以退為進，很輕鬆地贏得了「最聰明的人」的稱號。

在很多情況下，如果我們一味地從正面思考問題，問題並不能得到很好解決，但如果我們換一下思路，從相反的角度著手，問題可能就迎刃而解了。

思維是活的，可是人們老是會流於「固定思維」的模式中，這是一種積習，有時很難改變（可怕的是，也有人不想改變）。因此，總是在舊思維中徘徊，而無法跳躍出活性的思考方式。

12 成功和失敗都是一種習慣，差別是成功比較偏愛勤勉的人。

猶太人認為，勤勉和成功是相輔相成的，常常有很多人因為勤勉而成功，但卻很少因懶惰而成功的人。在猶太人心中，成功的背後定有辛苦。遠古的人生火，要花很長的時間去摩擦木頭或石頭；要吃果實，就爬到很高的樹上去摘。

在猶太人看來，懶惰使人一事無成，上帝和人們都是獎賞那些勤勉的人的。

有一個老猶太人用鐵鍬在挖樹坑，他想種一棵無花果樹。正好皇帝從他身旁經過，於是皇帝問道：「你認為自己還能吃到無花果嗎？」

老人回答說：「如果當樹結果的時候，我已經不在人世了，至少我的孩子還能吃到那些美味的果實，如果我這輩子有做錯什麼的話，上帝也會因為我的勤奮而赦免我的。」

皇帝對他說：「如果你能夠得到上帝的赦免而吃到這樹的果實，那麼請你給我送一些，因為我也很喜歡吃這美味的無花果。」

三年過去了，樹上結滿了果實。老人裝了滿滿一籃子無花果來見皇帝。皇帝把無花果倒了出來，然後在他的籃子裏裝滿了黃金。

老人家看到這一切呆了，他問道：「您想給一個老猶太人那麼多榮譽嗎？」

皇帝回答說：「造物主給勤勞的人以榮譽，難道我就不能做同樣的事？」

老人家回家後就對他的妻子說：「皇帝愛吃無花果，我給他無花果，他就給我金子了。」

聽了丈夫的話，妻子高興極了。

第二天，她到外面買了一籃無花果去見皇帝，要求換取金子的賞賜。

皇帝大怒，把一籃子無花果全摔在她臉上，然後大聲斥責道：「我只給勤奮的人以獎勵，像妳這樣投機取巧的人，只能得到懲罰。」於是，派衛兵打了她幾十大板。

雖然勤勞並不一定能獲成功，但人們只要能夠辛勤工作，卻能夠獲得個人最大限度的成功。勤勉或懶惰不是天生的，是習性所致。此外，孩童時期的家庭環境，以及所受的教育，也都有很大的影響。勤勉有兩種：一、是外力強迫的勤勉，二、是自己自願的勤勉。

在貧窮的時代裏，猶太人在勞動條件非常惡劣的環境中，從事長時間勞動，否則，便無法維持生活。猶太人認為這是自願的勤勉。

猶太人在埃及受奴役期間，曾經長時間從事田裏的工作，但是這種被奴役的工作，並沒有使他們的生活獲得改善，因為這些辛勤是外力強迫的。

外力強迫的勤勉對人自身絕不會有作用，因為一旦外力消失，這種勤勉就會蕩然無存。自願的辛勤較易產生出自己的東西，從而逐步培養自己。久而久之，就能確立一個完完整整的美好習慣。

因此，猶太人認為成功和失敗都是習慣使然，而生命的意義，就是要盡力去培養這種勤勉的習慣。所以，從現在開始就去培養你勤勉的習慣吧，這種習慣將會影響你的一生。

13 貧窮是最好的學校，它可以讓我們學很多東西。

猶太人也有乞丐，按照宗教習慣，乞丐也是一種正當職業，而且他們中有許多人熱愛讀書，其中有些人竟然也通曉《塔木德》和《猶太法典》。大概正因為這個原因，《塔木德》中才有許多為窮人們辯護的格言：「不要看不起窮人，因為有很多窮人是有學問的。」

猶太人有個民間故事，教導人們不要看不起窮人——

有個人非常富裕，但是他沒有孩子。「一生的努力到頭來沒有可用之處。」他常常這樣對人們說。

「你不如把大部分的錢捐獻出來，為一些窮人解決難題。」有人建議說。

「不，我的錢只給那些喪失了一切信仰並對人生完全絕望了的人。我想幫助這種人。」他回答道。

有一天，他在糞堆旁找到了一個衣衫襤褸的人，他正躺在骯髒的地上。

「你是不是對生活喪失希望了？那麼這一百個第納爾就給你了。」富人十分好意地問道。

「只有死人才對這個世界一無所求呢！」那個人叫道：「雖然我現在很貧窮，但是我信仰上帝，他能幫助我擺脫現在的窘境。我不需要你的同情。」說完他起身走了。

富人失望極了，於是他就把錢埋在了墓地裏，因為那裏有好多對世界一無所求的死人。事過境遷，幾年後，富人失去了他所有的財產。有一天，他突然想到自己還在墳墓裏埋了好多財產，於是他跑到墓地將自己埋的錢挖了出來。

不巧的是，他的行動被警察發現了。警察以為他是來盜墓的，就逮捕了他，並把他帶到了市長那裏。

「你還認識我嗎？」市長問。

「像您這樣重要的人物，我怎麼會認識您呢？」富人答道。

「我就是那個你曾經認為對世界絕望的人。你看，上帝記得我，我的命運改變了。」市長說。

這個世界有兩個轉動不息的輪子。今天的富人明天就可能不是富人了，今天的窮人明天就未必是窮人了。

這個故事告訴我們，無論在什麼時候都不要絕望，哪怕你已經窮得身上沒有一分錢了。志氣不窮，人生就不會窮。

貧窮是最好的學校，它可以讓你學到好多東西。一個人在年輕時窮一點比較好，因為貧窮可以促進貧窮的主人奮發向上，以至成功。所以說，世界上再也沒有比貧窮更大的力量了。

14 只要能保持平衡的心態，你就是一個幸福的人。

事實上，社會的發展是一個由簡單到複雜的過程，我們把一切歸於簡單、平淡，也就還原了事物的本質。在生活中保持平和的心態，也是一種幸福。

有兩個男子被人追殺，他們沒命地往山上逃，最後來到一個斷崖邊，沒有橋，只有一條繩子通到對岸，沒有其他路可走，他們已經走投無路。於是，兩人便決定沿著這條繩子走過去。

第一個男子出乎意料的，就像是走鋼絲的高手一樣，很快到達了對岸。

第二個男子緊跟著來到繩子道，他向下一望，下面是深不可測的山谷，石子掉落下去，好長一段時間方能聽到回音。他很害怕，就大聲問第一個人：

「你是怎麼走過去的？有什麼訣竅？」

那人從對岸回答：「我是生平第一次走這種繩子，我也害怕得很。如果你問我為什麼能走到這邊來，我只能說當我快要倒向一邊時，就在另一邊用力，保持平衡的緣故。」

只有保持平衡，才能求得生存。

在這則故事中，向世人透露的就是這樣的觀念。

「保持平衡」、「不走極端」，就是以良好的平靜心態迎接各種挑戰，而不是指一味妥協、放棄。做事情要懂得如何掌握尺度。

切勿因挫折而大悲，也不要因成功而大喜。無論何時都不要過於沈溺於事情的成敗得失，保持一顆坦蕩寬容之心，平靜從容地面對生活的給予。

15 做一個樂觀主義者，這種人最容易克服困難。

有時候，人的失敗是因為他將困難考慮得太複雜，而起不了積極的心態。其實只要放鬆心態，樂觀去面對它，往往會很順利地踏上成功的彼岸。

有兩個銷售員被同時派到南非，推廣公司生產的皮鞋，開拓那裏的皮鞋市場。第一個銷售員到南非後發現，當地人習慣赤腳走路根本不穿鞋子。這名銷售人員頓時泄了氣，當地人不穿皮鞋就等於沒有市場，沒有市場就根本不用開拓，開拓也是沒有希望的無稽之談。這是一種典型的消極思維模式。經過這樣的分析，這名銷售人員立刻決定離開，不在這裏浪費時間和精力了。

可第二個銷售員發現當地人都打赤腳時，非常高興，因為當地人沒穿皮鞋打赤腳，那麼在此開闢一個新領域，前景是無限廣闊的。這是一種典型的積極心態。因此，他決定留下來，並且為市場的開闢做了大量的調查與宣傳推廣工作。最後終於讓當地人喜歡上了皮鞋，成功開拓了當地的廣大市場。

故事中一個是樂觀主義者，另外一個是悲觀主義者。由於心態的不同導致了行為結果的不同。

實際上，樂觀主義與悲觀主義不僅對未來的看法截然不同，對自己與他人也採取了不同的態度。

我們內心的傾向，包括：一、對未來的不確定感與恐懼；二、我們與生俱來的怠惰，希望躲在自己的殼裏不要動。

悲觀者的本質就是怠惰。他不願努力適應新的事物，也不改變習慣。無論起床、用餐，以及度週末的方式，都要依照固定的模式進行。

相比之下，樂觀者就單純、樸實多了。他容易依賴別人，也願意涉入險境。但他也能察覺別人的惡意或缺點，只是他不願將之視為障礙而猶豫不前。他相信每個人都有優點，並努力喚醒別人的優點。

樂觀者關心別人，讓別人暢所欲言，給別人時間，觀察對方的所作所為。如此便能夠了解每個人的長處、優點，因而得以團結、領導眾人，共同朝某個目標邁進。卓越的組織者、優秀的企業家，都必須具備這種特質。

此外，樂觀者也比較容易克服困難。因為他會去尋找新的解決方法，在短時間內就把不利的條件轉變成有利的條件。

那麼，針對以上樂觀者與悲觀者的比較，你願意做哪一種人呢？答案或許不言而喻。擁有樂觀的心態，就能克服困難、積極地面對生活。

16 勇於面對錯誤，也就是勇於面對真實的自我。

對於錯誤，聰明的人，自當聞過則改，有錯必予糾正之。因為錯誤並不可怕，可怕的是不能或不敢正視錯誤。就像一個人得了病，先要承認病情，看清病根，才能對症下藥。倘若諱疾忌醫，很可能最後病入膏肓。

猶太民間就有一個死不認錯的笑話——

從前，有一位愚蠢的人，他所持的觀點總是與常人不一樣，以顯示自己的與眾不同。有一次，幾個人在一起爭論日出的問題。

甲說：「太陽是在早上從東邊升起來的。」

乙說：「太陽是在傍晚從西邊沈下去的。」

這個愚蠢的人聽了，說：「不對，太陽是夜裏從西邊升起來的。」

眾人都笑他，並約定晚上看看太陽會不會出來。事實證明這個愚蠢的人是錯的，可他仍不認錯，硬拗說：「這只是巧合，太陽平時是夜裏在西邊升起來的。」

遺憾的是，現實中很多人就像故事中的愚人一樣，總是千方百計地迴避缺點，掩飾錯誤，甚至文過飾非，把一切功勞歸於自己，把一切錯誤推給別人。他們自己不敢照鏡子，也不讓別人照自己。

任何錯誤都可以找到許多藉口，但是任何一種藉口都無法抹煞錯誤的存在。怨人不如責己，最可怕的是為了掩蓋第一個錯誤，又犯了第二個錯誤；為了掩蓋第二個錯誤，又犯了第三個甚至更多的錯誤。

在我們的身邊，這樣的教訓還少嗎？就像一個輸紅了眼的賭徒，一心想著翻本，籌碼越下越大，最終輸得一敗塗地。

因此，正視錯誤，需要的不僅是真誠和坦蕩，更需要「風雨一肩挑」的勇氣。正視錯誤才能避免下一次的錯誤。

17 善用團隊的合作精神，就能發揮更大的力量。

團隊精神，就像一個家庭一樣能夠互相理解、互相幫助，把個人的優點發揮出來，把個人的缺點逐漸彌補，使整個團隊的個體趨向於完美。猶太人是一個弱小的民族，正是憑藉強大的凝聚力才得以發展至今，並且成為世人矚目的焦點。

現在，我們來看一個關於「折箭」的故事——

很久以前，一位希臘國的國王有三個兒子。這三個兒子各個都很有本領，難分上下。可是他們自恃本領高強，都不把別人放在眼裏，認為只有自己最有才能。平時三個兒子常常明爭暗鬥，見面就互相譏諷，在背後也總愛說對方的壞話。

國王見到兒子們如此互不相容，很是擔心，他明白敵人很容易利用這種不睦的局面來各個擊破，那樣一來國家的安危就懸於一線了。

國王一天天衰老，他明白自己在位的日子不會很久了。可是自己死後，兒子們怎麼辦呢？究竟用什麼辦法才能讓他們懂得要團結起來呢？

一天，久病在床的國王預感到死神就要降臨了，他也終於有了主意。他把兒子們召集到病榻跟前，吩咐他們說：「你們都放一些箭在地上。」兒子們不知何故，但還是照辦了。國王又對大兒子說：「你隨便拾一支箭折斷它。」大王子檢起身邊的一支箭，稍一用力，箭就斷了。國王又說：「現在你把剩下的那些箭全都拾起來，把它們捆在一起，再試著折斷。」大王子抓住了那一大把箭，折騰得滿頭大汗，始終也沒能將一大把箭折斷。

這時國王語重心長地說道：「你們都看得很明白了，一支箭，輕輕一折就斷了，可是合在一起的時候，就怎麼也折不斷。你們兄弟也是如此，如果互相鬥氣，單獨行動，很容易遭到失敗，只有三個人聯合起來，齊心協力，才會產生無比巨大的力量，戰勝一切，保障國家的安全。這就是團結的力量啊！」

兒子們終於領悟了父親的良苦用心，彼此擁抱在一起了，國王見兒子們真的懂了，欣慰地點了下頭，閉上眼睛安然去世了。

折箭的故事告訴我們——「團結就是力量」。

人以群居，物以類聚，如果將組織看作是一個完整的人體，團隊便是構成人體的各類系統，如消化系統、循環系統等，個人則是組織或團隊的最基本的細胞。否定個體，整體就不復存在；否定整體，個體便無意義。

團隊精神事實上所反映的就是一個人與別人合作的精神和能力。良好的人際關係則是團結的重要基礎，在日常生活和學習中，在自己與他人之間只要互相支援，分工協作，齊心協力，就會贏得最終的勝利。

18 不要老是張望著別人的成就，而忘記成功在於不斷的積累。

你有沒有想過，等到自己不再年輕的時候，是否還過著和現在一樣的生活？這個世界每天都在發生變化，每天都有新人踏入社會，每天也有人從激烈的競爭中敗退下來。你有沒有想過要改變這種狀況？

有兩戶人家分別住在沙漠的南北兩端，由於乾旱，飲水成了生存最主要的問題。還好，在沙漠的中心有一眼泉水。為了能喝到水，他們每天都要到沙漠中心去挑水，日子過得非常辛苦。

兩個人經常能在沙漠中心的泉水處見到對方，時間長了，兩個人就成了好朋友。每天他們都在約定的時間到泉水處，先是聊聊天，然後分別挑起水回家。這種狀況一直保持了五年。

忽然有一天，南邊的人在泉水的地方沒有見到北邊的人，他心想：「他大概睡過頭了。」便不以為意。可是第二天，他還是沒有見到北邊的那個人來挑水，第三天，第四天……一個星期過去了，北邊的那個人依然沒有來挑水。南邊的人著急了，以為他出了什麼意外，於是就收拾行裝去北邊看望他的朋友。

等他到達他的老朋友家的時候，遠遠地就看見他朋友家的煙囪上冒出的濃煙，還聞到了飯菜的香味。「這哪裡像一個星期沒有水的樣子？」他心想。

「我都一個星期沒有見到你挑水了，難道你不用喝水嗎？」南邊的人問。

「我當然不會一個星期不喝水！」然後，他把南邊的人帶到他家後院，指著一口新水井說：「五年來，我一直堅持每天抽空來挖這口井，我們現在都還年輕，還有力氣每天走很遠的路去挑水，等我們老了的時候怎麼辦，你想過沒有？就在一個星期前，我的井裏開始有水了，這口井足足用了我五年的時間才挖成。雖然很辛苦，但是以後我就不用走那麼遠的路去挑水了！」

我們的時間是有限的，不要等到自己落伍的時候才去後悔，等到那個時候為時已晚了！那麼現在應該做的就是在挑水的同時，每天用盡可能多的時間和精力，在自己家的後院裏挖一口井。

「挖井」其實是一種策略，把自己的實力一點一滴地累積起來，默默地去完成自己的目標。等到有一天這個目標實現的時候，一定會讓別人大吃一驚，會讓人刮目相看，你會成為大家爭相談論的對象。你的向心力會得到提高。你會發現，從此以後，做任何事都比以前容易了許多。每天擠出來一點點時間，向著自己的目標邁進，當你把自己的成果拿出來的時候，你一定會看到別人驚羨的目光。

Lesson 02

處世的智慧

馬在鬆軟的土地易失蹄，

人在甜言蜜語中易摔跤。

1 人脈關係是人生的提款機，人際關係是人生的聚寶盆。

美國最有名的企業經營者——艾柯卡，他也就是讓克萊斯勒汽車公司起死回生的大人物。他被認為是社會活動方面登峰造極的人物，他善於敏銳地觀察每一個人，擅長恰當地與周圍的人交流，在社會活動中，他如魚得水，遊刃有餘，走到哪裡便成為人群的中心，甚至有許多人要他去競選總統！難道他是一個如愛因斯坦般的頂尖級天才嗎？難道他有著太陽神阿波羅一般俊朗的容顏嗎？不，他只是一個外表普普通通的人，和你我一樣，消失在人群中便難以認出，但他的魅力來源於他那超人的社會活動能力：他傾聽、他微笑、他交談，無形之間便將人與人的心拉得很近很近。

以至於一位與他打過交道的企業界資深人士評價道：艾柯卡的能力足以使會面

一次的人終身與他為友。這就是艾柯卡從一無所有到功成名就的祕訣！這就是他一生最為驕傲的資本：「善與人打交道！」

社會活動能力是人生中的「聚寶盆」，永不匱乏、源源不斷！

下面這個故事就是關於人生財富的啟示。

有個富翁生了10個兒子。他保證自己去世的時候會給他們每人一千美金。可是隨著時光流逝，他失去了一些錢，只剩下九千五百美金。所以他給了前面九個兒子每人一千美金。

然後對最小的兒子說：「我只剩下五百美金了，我還必須拿出三百美金做喪葬費。我只能給你二百美金。不過，我有十個朋友，我都會留給你，他們比一千美金好多了。」

他把最小的兒子介紹給朋友們，然後沒多就死去了。埋葬父親後，那九個兒子各自謀生，最小的兒子也慢慢地花著父親留給他的二百美金。

當他剩下最後10美金的時候，他決定向父親的十個朋友請求幫助，於是他先邀請他們美餐一頓。

這十個朋友在餐桌上面感激地說：「在這麼多兄弟中，他是惟一還記得我們的人。讓我們對他的兒子仁慈一些，報答他對我們的好意。」

於是，他們每個人給了富翁的小兒子一隻懷了牛犢的母牛和一些錢。母牛產下小牛，富翁的小兒子賣了小牛，開始用換回來的錢做生意，不久他就成了頗有身家的大富翁了。

富翁的小兒子雖然沒有得到父親的大筆遺產，但是卻得到了父親最大的無形資產——人際關係。

現實生活中，無數成功者光榮桂冠的背後是優秀的社會活動能力和踏踏實實的努力，後者對於初生牛犢不怕虎的青年，意味著什麼呢？那是驕人的資本，那是成功的曙光，那是事業的基石！在人力資本中，人的交際能力被認為是人生最重要的財富、事業最寶貴的資本。

2 在上帝面前，人沒有尊卑之分，人的尊卑，是由人本身劃分出來的。

有很多著名的猶太人，出身都很卑微，希萊爾拉比是木匠出身，他之所以能夠成為猶太人中的傑出人物，就是因為他自身的實際能力所致。所以在猶太人看來，個人能力永遠高於貴族的出身。

艾拉是聞名全國的博學之人。一天，國王的女兒對艾拉說道：「在你這麼低微的人的腦袋裏，怎麼可能有了不起的智慧呢？」

艾拉不但沒有惱怒，反而笑容滿面地問道：「在妳父親的宮殿裏，葡萄酒裝在什麼樣的容器裏？」

公主答道：「裝在陶罐裏。」

「陶罐！普通老百姓才把葡萄酒裝在陶罐中。」艾拉笑著說：「妳應該把葡萄酒放在金銀器皿裏。」

於是，公主便令宮中傭人把葡萄酒從陶罐裏倒出來，裝到了金罐和銀罐中，不久，所有的葡萄酒都變得淡而無味了。

公主沒想到會把事情弄得這麼糟糕，於是就去找艾拉算賬：「你為什麼讓我這樣做？」

艾拉溫和地笑了笑說道：「我只是要讓妳明白，珍貴的東西有時候必須裝在簡陋而普通的容器中，才能保存其價值。」

「難道沒有既出身好又博學的人嗎？」

「有，」艾拉回答道：「不過，如果他的出身艱苦一些的話，他們的學問就會更好！」

猶太人中的窮人遇到富家子弟時，從不自卑，因為出身富貴之家的人並不一定有學問。但是遇到有知識的人時，無論如何都要對他非常敬重。學會重視他人的才華，而不是去看他的家庭和出身。

3 如能巧妙運用虛榮心，虛榮也可以成為激勵自己的武器！

猶太人認為，人自從降生以來，虛榮就開始與自己相伴。年幼時凡事都以自我為中心；長大以後，也只是學會讓步。即使到老去的那一天，虛榮也不會消失，墓碑也會向他人炫耀自己的「光榮」。因此，隨時恭維別人的為人、處世態度與服裝品味等等，就是一種高明的處世手段。

有一個人擅長做菜，他做得最好的菜是烤鴨，吃了他做的菜，每一個人都讚不絕口。後來，這個人到當地一個非常有名的伯爵家裏做全職廚師。但是伯爵從來也沒有讚揚過他。廚師心裏非常不高興。

有一天，伯爵家來了客人，在家設宴招待貴賓，點了數道菜，其中一道是伯爵最愛吃的烤鴨。

廚師奉命行事，然而，當伯爵給客人找鴨腿時，卻發現只有一條鴨腿，他問廚師：「怎麼鴨子只有一條腿？」

廚師說：「因為我們養的鴨子都只有一條腿！」伯爵知道他在說謊，但是在眾朋友面前不好發火，只好暫不過問。

吃完飯，朋友們都走了，伯爵便和廚師一起去看養的鴨子是不是只有一條腿。當時正是晚上，鴨子正在睡覺。每隻鴨子都只露出一條腿。

廚師指著一隻隻的鴨子說：「伯爵你看看，是不是鴨子都只有一條腿？我沒有騙你吧？」

伯爵聽後，便大聲鼓掌，鴨子被驚醒，紛紛站了起來，露出了兩條腿。

伯爵說：「鴨子不全是兩條腿嗎？」

廚師說：「對！對！每隻鴨子都有兩條腿，但是只有在拍手鼓掌的時候，才會有兩條腿呀！」

從這個故事中可以看出，沒有一個人被誇獎時會不高興，因為自古以來，人就是住在虛榮海洋中的一條魚。每個人多多少少都會有一點「自戀」的意味，而且虛榮在某種程度之內是被允許的。

此外，虛榮也有好的一面，因為它能使人重視自己，自尊、自立、上進心都是從「自我欣賞」的土壤中長出來的。

「自我欣賞」可以成為個人進步的推動力，但是「自我欣賞」也會使人性脆弱，容易浮躁，安於現狀，能力退化，甚至陷入他人設計的圈套之中。

因此，虛榮心必須有個尺度，特別是在與競爭對手或敵人相處時，更應該力戒虛榮，否則就會被別人利用。

4 即使是再好的朋友，也應留有一定的分寸。

猶太人認為，當你和他人交往時，會出現兩種情況且兩者必居其一：要麼你變得與對方相似迎合對方，要麼你使對方改變思考的模式與信念來接受你。恰似一塊沈寂的煤接觸一個火種，此時，要麼前者使後者熄滅，要麼後者使前者點燃，這兩種情況都是很危險的，所以在與人交往時要小心謹慎，即使已經是好朋友了也要注意，而且要特別注意。

一個人在山中撿到一隻幼小的獅子，便抱回家餵養。他對獅子無微不至，給牠餵以精美的食物，給牠梳毛，給牠洗澡。獅子對他也親密無間，常常趴在他的肩膀，舔他的手腳，陪他散步，和他戲耍。

獅子在他的懷中漸漸長大，長成一隻威猛的雄獅，也溫順得如一條家狗。

有一天他忽發奇想：騎著獅子旅遊。於是他騎上了獅子，踏上了旅程。一路上獅子很聽話，平穩地馱著他。所到之處人們對他夾道喝彩，他更神氣了。

路上有人問他：「獅子不會把你給吃了嗎？」

他說：「那怎麼可能呢！」

路上有條狗問獅子：「你怎麼不吃了他？」

獅子說：「那怎麼可能呢！」

一天他們要穿過一片沙漠，路上遇到了暴風沙，水和食物都被捲走了。

他在痛心之餘，還努力去安慰獅子：「朋友，忍著點，等過了沙漠，我讓你飽吃一頓。」

一日過去了，獅子餓得圍著他打轉；兩日過去了，獅子餓得舔他的手腳；三日過去了，獅子對他進行了輕輕地撕咬；四日過去了，獅子向他齜起了牙齒；第五日，饑餓的獅子向他瞪起了血紅的眼睛，在他正要上前撫摸牠時，獅子奮力一縱將他撲倒，瞬間把他撕成了碎片。……

這個故事說明，世間的友誼，有些是建立在飽暖基礎上的，被你視為親密無間的朋友，有時常常能給你致命的一擊。

因此，當你遇到一個人時，要儘量思索一個問題：應該花多少時間接觸這個人？又該沾上多少他的習性呢？他是否會對自己造成傷害呢？

你可以把朋友分成三種：（一）是像空氣和水一樣的朋友，這種朋友是必不可少的；（二）是像咖啡和甜點的朋友，這種朋友是偶爾需要的；（三）是像故事中的獅子，在彼此享樂時合作無間，可是卻無法共犯難，這種朋友應儘量避開。

5 金錢是自大的捷徑，而自大是罪惡的火種。

著名的普列斯勞外科醫生約翰・拉德基教授，時常被聘請到外地為病人開刀。不過，他要求的報酬實在太高了些。

有一次，有人問他到塔魯諾為病人開刀必須付多少錢？拉德基教授回答說：「六千馬克。」

不久以後，對方又打來「請迅速動身」的電報。

拉德基和護士於是帶著開刀所必要的器具，浩浩蕩蕩的出發了。

可是，到了塔魯諾車站，那幾個在車站迎接的猶太人。他們很遺憾地說，病人今天早晨已經死亡了，並且一再的道歉，讓他白跑了一趟。

拉德基教授憤怒地吹鬍子瞪眼。

這時，有個猶太人說，這個鎮上還有一個人罹患相同的疾病，不過那男人很窮，只能付六百馬克。

拉德基教授自忖，六百馬克剛好夠這次旅費的支出。於是，他便答應為另一個病人開刀。

經過了一段時間以後，拉德基教授才獲知，最初的那個猶太人並沒有死，而根本就是後來接受開刀的那個人。

猶太格言中，有一句說：「如果自己的內心已被自己佔滿了，就再也不會有留給神住的地方了。」

「謙虛」是美德，因此《塔木德》對謙虛有很嚴格的規定。告誡人們說：「即使是一個賢人，只要他炫耀自己的知識，他就不如一個以無知為恥的愚者。」

此外，法典還對自大的危險提出了警告：「金錢是自大的捷徑，而自大是罪惡的火種。」

在猶太民間傳說中一則關於謙虛的故事——

有一位從事神聖工作的拉比好像在熟睡。他的旁邊坐著信徒，他們正在討論這位神聖的拉比無與倫比的美德。

「他是多麼虔誠！」一個信徒帶著陶醉叫了出來；「在整個城裡再也找不到第二個像他的人了。」

「誰能比他更仁慈？」另一個狂熱地吶喊：「他給人寬廣無私的施捨。」

「還有多麼溫和的脾氣！難道有誰見過他激動嗎？」另一個信徒眼睛發光地低語。

「啊，他是多麼的博學多聞啊！」一個信徒用聖歌般的調子說。

信徒們陷入了沈默，這時這位拉比慢慢地睜開了一隻眼睛，用一種受傷害的表情看著他們。

「怎麼沒有人提到我的謙虛呢？」他以責備的口氣說著。

這則故事的名字就叫《謙虛的拉比》，它嘲諷了一個陶醉在讚美中，而毫不懂得謙虛的拉比的愚蠢。

猶太有句批評自大的話：「沒有你，太陽照樣東升。」

《猶太法典》雖然還不認為自大是一種罪過，但卻認為它是一種愚昧的行為。

我們在生活中經常可以遇到一些「好為人師」的人，似乎他什麼都在行，對什麼都可以說出個道理來。這種自負，恰好是自卑心理的反射表現。他們之所以擺出一副「萬事通」的面孔來，就是惟恐被人輕視，他們炫耀的目的就是要提高自己的地位。可是這樣做的結果只能使他們捉襟見肘，遭人厭惡。道理很簡單，你認為別人沒有辦好事情的能力，別人也不會把你的能力放在眼裏。

一個人擁有良好的才能，實在是一件值得佩服的事，但如果再能擁有謙虛的美德，那就更值得敬佩了。

不把內在顯現給別人看的人，才是最聰明的人。不自大，也是猶太民族處世技巧之一。人們都喜歡謙虛的人，而不願意與自以為是的人為伍。

世界上有很多不美麗的東西，但是其中最醜陋的便是「自滿」，失敗往往不是因為過於弱小，而是自以為十分強大。

6 從容面對中傷，只要把它交給時間。

人在一生中總會遇到很多不愉快的事情。被誤解就是其中之一，或者是因為對方知識欠缺，或者是自己的說明不夠充分，但只要相互溝通以後就不存在問題了。

可是，最讓人不快的是中傷。因為中傷不是因為誤會，而是因為敵意和惡意。這樣，一個小的過失就會招致無窮的責難，有時還會變成無中生有的流言。「捏造事實」就是人們製造流言的方法。

對這種中傷者，我們既不用原諒也不用反擊，最好的辦法就是置之不理。我們把中傷交給流逝的時間去處理，讓歷史這個法官來做出正確的判斷。

翻開《聖經》中的大衛王，他也曾經歷過被自己的兒子阿布薩魯姆逼殺，被迫逃出愛魯薩勒姆的境地。那時，有一個叫西梅伊的人向流亡的大衛王扔石頭，還說了他很多壞話。

護衛非常生氣，要去打那個人，但卻被大衛王給阻止了。「讓他去說吧，他說了我這麼多壞話，上帝會相應地給我更多的善良。」

不久，他的兒子戰敗，大衛王又重新回到了自己的城市。當時，西梅伊第一個衝到了大衛王的面前，承認自己的罪過，並祈求寬恕。

說別人壞話的人是因為自己心裏有很多不滿，而這些不滿無法解決，就要找到一個發泄的途徑。因此，說別人壞話的人，是一種無能的表現。

如果一個人有能力，有像樣的工作，根本就沒有時間說別人的壞話。如果被人中傷，請不要理會，反擊有時反而會帶來更大的不幸與後果！因此，我們可以更加專注於自己的使命。把中傷交給流逝的時間，讓歷史這個法官來做出正確的判斷。

7 指出利益所在，比空口說教更有力。

人不可能自己什麼事都能辦到，求助別人也是理所當然。但是，傲慢地強迫別人是辦不成事的，只有謙虛地求助別人，講清利益關係，事情才可能辦得完美。

很久以前一個住在英國的猶太人外出旅行，途中病倒在旅館裏，當他知道自己的病已經沒有希望時，便將後事託給了旅館主人，請求他說：

「我快要死了，請通知我的兒子，如果他從英國趕來了，就請把我的這些東西轉交給他。但是，不要告訴他我在哪家旅館。」

說完，這個人就死了，旅館主人按照禮儀埋葬了他，同時向鎮上的人發表這個旅人的死訊和遺言，讓大家遵守這個人的遺言，不將他住的旅館告訴來找他的人。

猶太人死者的兒子在家鄉聽到父親的死訊後，立刻趕到父親死亡的那個城鎮。他不知道父親死在哪家旅館，也沒有人願意告訴他，所以，他只好靠自己來尋找。

幸運的是，有個賣柴人挑著一擔木柴經過，兒子便叫住賣柴人，買下木柴後，吩咐賣柴人直接送到那家有個旅人死在那裏的旅館去。然後，他便尾隨著賣柴人，來到了那家旅館。

旅館主人驚訝地對賣柴人說：「我沒有買你的木柴啊？」

賣柴人回答他說：「不，是我身後的那個人買下了這擔木柴，他要我送到這裏來。」

就這樣，通過一筆木柴交易，他把回答這個問題作為成交的條件，讓賣柴人為了自己的利益，幫助他解決了難題。

故事中猶太人的兒子非常聰明，因為他懂得，要贏得賣柴人的合作，最有效的方法就是儘量以最簡單的方式，向他證明你的行動會讓他受惠。

你或許已經有了很高的理想，很大的抱負，想著一切靠自己，對求人是不齒的。但無論是要完成自己所能的，還是完成自己所希望的，你以後都有求助於人的時候。如果沒有別人的協助自己就會經歷一個曲折漫長的過程，但如果有了他人的幫助會使得一切過程都變得容易了。

因此，要以一顆謙卑、關懷、善良的心去贏得他人的好感。你應該把故友和願與你結交為摯友的人時時掛在心上，同他們親厚相待、同甘共苦，讓人們把你視為良師益友，等到你需要幫助的時候才會左右逢源，如魚得水。

最重要的是，當你必須向盟友尋求幫助，不要惹人厭煩地提醒他你曾經給予他的幫助和恩惠，否則他一定會找到藉口不予理睬。相反，指出你的請求和合作對他有利的地方，而且要特別強調這點，一旦他看見自己的利益就會熱誠的回應了。

8 憤怒就像一把火，往往只會燒傷自己。

在猶太民族的傳統裏，有時某種憤怒是必要而重要的。比如，對社會上不公不義的憤怒，對壓迫者的反抗憤怒情緒。但是，在人際關係中，一個人如果不加控制地對別人表示憤怒，那麼他將受到譴責。

從前，在一個水池裏住著一隻壞脾氣的烏龜。不過，牠卻跟兩隻經常來這裏喝水的大雁成了好朋友。

後來，有一年，天旱了，池水乾涸，烏龜沒辦法，只好決定搬家。牠想跟大雁一起去南方生活，但是牠不會飛，於是兩隻雁兒用一根樹枝，叫烏龜咬著中間，雁兒各執一端，吩咐烏龜在飛行中千萬不要說話，就動身高飛了。

牠們飛過翠綠的田野，飛過蔚藍的湖泊。地上的孩子們看見，覺得這個組合很有趣，拍手笑起來：「你們看呀，那隻烏龜好滑稽啊！」

烏龜本來是揚揚得意的，聽到這些嘲笑後非常憤怒，就想開口責罵牠們，以泄心頭之憤。結果口一張開，就跌下來，碰在石頭上死去了。

雁兒歎了口氣：「你本來不該憤怒的！」

人們一定以為，這又是一個老掉牙的故事，結尾或許你早就猜到了。這個古老的故事讓人們明白：不要因為憤怒而招致無法挽回的惡果。

人基本有四種憤怒的性格：

一、輕易動怒，容易安慰。

二、輕易動怒，極難安慰。

三、很難動怒，容易安慰。

四、很難動怒，很難安慰。

此外，由於人們往往是種瓜得瓜，種豆得豆，憤怒的發泄常會招致反擊和自衛，反而會把事情越搞越大條。

1．使你和別人產生疏遠；
2．在別人身上造成難以克服的消極感情；
3．湮沒了你自己的真正情感和希望，並使別人無法對你開誠布公；
4．引發報復或自衛防範；
5．有礙於認清事情的真相並使問題得到解決；
6．埋葬了原有的友誼。
7．讓自己老是悶悶不樂，容易讓自己生病。

憤怒一旦占了上風，常識和理智往往就會飛到九霄雲外。

那麼，當人們不能駕馭自己的性情時，該怎麼辦呢？當然，直率而坦誠地把話說出來之前還是有時間的。因此，在你要說出憤怒的話之前，你應該稍微等一會兒，看是否有更好的辦法能夠起到同樣的作用。要冷靜地控制自己的情緒，以溫和的方式對待他人，才會更好地駕馭人際交往的前進方向。

9 幽默就是智慧的表現，幽默更是生存的武器。

猶太人把幽默當作一種重要的精神食糧。在希伯來語中，「幽默」與「智慧」兩個詞都被稱為「赫夫瑪」，幽默已經成為猶太民族苦中作樂的處世智慧。

有一次，世界著名生物學家達爾文應邀赴一個名流的宴會，他與一位年輕貌美的女士坐在一起。這位美人用戲謔的口氣對達爾文提出質問：「達爾文先生，聽說你斷言人類都是由猴子變來的，那我也是屬於你的論斷之列嗎？」

達爾文漫不經心地回答：「那是當然！不過，妳不是由普通猴子變來的，而是由長得非常迷人的猴子變來的。」

達爾文並不用科學的道理反駁那位美女，而是以戲謔反駁戲謔，因為美女的提問屬於偷換概念的詭辯。他巧妙地運用幽默的回答，讓那個女人無言以對，而且也沒辦法生氣，這就是聰明人的幽默智慧。

幽默是人際關係的「潤滑劑」，在社會裏，一個人的個人形象在公眾中的印象十分重要。性格開朗、大方、風趣，極富幽默感的人很受人們的歡迎，人們與他交往時也會心情愉快、樂趣無窮，這會使他充滿了吸引力。

幽默可以調侃人生、排解苦惱。在生活中，苦惱的事情很多，你如果學會了幽默的生活方式一定會過得很快樂。有的人因為一些事情而痛苦、悲哀、消沈，如果你沒有一個樂觀的態度，這些痛苦會時常伴隨著你，使你無法擺脫。而有的人卻生活得快樂、自在，原因是他們善用幽默的力量，使自己的人生變得快樂。如果你用有趣的思想，輕鬆地面對自己，用一種新的眼光去看待，也許你會覺得好過一些。

某處有一家壽險公司。

猶太人摩修就是在那家保險公司打工。因為摩修的業績很優秀，所以嘛……高層主管在經過會議後，決定提拔摩修為正式職員。

不過，有個叫人頭痛的問題。那就是：這家公司的正職人員都必須是天主教徒。

於是，董事長在會議席上如此說：

「各位，摩修的確具備成為本公司正職人員的資格，不過他是猶太教徒。我認為讓猶太教徒加入我們的陣營實在不妥。」

如此一來，天主教徒的常務董事站起來說：

「我認識一位很聰明的神父，他就是居住於鄰街的麥卡蘭神父。我相信麥神父一定有辦法能使摩修改信天主教。」

聽了這句話，全會議室裡的人們都點點頭。

於是，麥神父被請來了。

他叫摩修進入了小房間裡，兩人整整談了三個小時還沒有出來。

經過三個小時後，麥神父方走了出來。

待神父走到會議室時，每一個人都對他說：

「謝謝您！」

神父卻是一臉的茫然。

董事長也擔心的問：

「神父，您成功了嗎？」

「哪兒話。看情形還需要一些時間呢！不過，摩修先生剛剛已經推銷十萬的保險給我了。」

「啊！」

幽默的語言能使我們生活得輕鬆，給我們帶來笑聲。我們的生活不能沒有笑聲，因為沒有笑聲的生活是一種折磨。生活是魚，幽默是水。

10 靈光乍現，馬上捕捉，剎那往往就會變成永恒。

在為人處世中，「裝糊塗」是一個高明的處世之道，為人處世切忌處處鋒芒太露，這樣很容易引起別人的嫉恨，與你樹敵的人就會越來越多，使你的事情無法順利進行下去。

一次，有位矮小的男士請一位小姐跳舞，那位小姐十分傲慢地拒絕了他，「我是不會和一個小孩子一起跳舞的。」

這位先生靈機一動，微微一笑對她說：「對不起，親愛的，我不知妳正懷著孩子。」說完他很有禮貌地鞠躬離開了她。

那位高傲的小姐在眾目睽睽之下，自討沒趣困窘不已，滿臉緋紅。

這位先生遭到那位高傲小姐的拒絕，在交際場合是一件非常難堪的事，可是這位先生卻十分高明，假裝不明白小姐說話的內涵，故意曲解為她懷孕了，還表示對她十分尊重，這是一個多麼大的諷刺！它不僅使那位小姐丟了面子，還保住了那位先生的風度和尊嚴。

交際場合，你應該學會適當地裝糊塗，這樣會收到意想不到的效果。所謂裝糊塗，是在他人面前做出一個不明白的假象，用以迷惑對方，其實心如明鏡。假裝沒有發現對方的本意，故意理解錯誤，用於諷刺對方，給自己找臺階下。

人都願意與單純的人交往，過於聰明、機靈的人，人們會加以防範、提高警惕。你如果過於精明，別人在與你交往時就會特別小心、謹慎，因為害怕被欺騙、被愚弄，如果你裝出一副什麼都不懂、傻乎乎的樣子，雖然精明，卻大智若愚，給人以糊塗的假象，人們對你就放鬆了警惕。在與對手交往中，對手由於不知其中的真相。因此，你便可以輕鬆戰勝了對手。

11 人與人之間，彼此寬容是一種生存藝術。

猶太教拉比謝姆布南說：「你們哪——最好以小偷為榜樣。小偷具備三種常人不能效法的特質：第一、小偷非常勤勉，不管在如何艱苦的情況下，都會認真的工作。第二、逢到失敗會從頭再來，絕不氣餒。第三、不管大小事都會盡全力。因此，為神服務時，虔誠的猶太教徒必須像小偷一般的行動。」

希萊爾拉比學識淵博，一個學生想要希萊爾把所有的猶太學問傳授給自己，希萊爾把全部猶太學問濃縮為一句話告訴了他：「不要向別人要求自己也不願意做的事情。」

有一天，一位受人尊敬的學者和他的學生在路上碰到兩個正在爭辯的男孩。兩個男孩面紅耳赤地爭論到底誰的個子高，吵來吵去，還是沒有結果。後來，其中一個男孩強迫另一個男孩站在臺階下面，而他自己站在臺階上。他終於得意地證實了自己才是較高的。

學者看到這一情形，悲傷地對自己的學生說：「是否世上的人都常這麼做呢？為了證實別人劣於自己，就強迫別人下臺階；如果別人不願意下去，他們就會自己爬到高處，以顯示自己優於別人。」

猶太人認為，在社會中，人與人之間是一種互助互諒的關係，並且建立在互相理解的基礎上。不去強迫別人做他們不願意做的事情，是猶太人的處世方法之一。

在現實生活中，種種欺騙的事件屢見不鮮，但是，壞事掩不住別人的耳目，終有一天人們會發現事情的真相。即使能幸運地瞞過別人，但是自己的心裏也一定會覺得很不舒暢，而且時時懷著恐懼之心。因此，以他人的不利條件強迫他人的做法是不可取的。不僅對他人不利，對自己也是一種損害。在和別人進行競爭時，應該站在公平的立場上，而不是把不利的條件施加於人。在追求自己利益的同時也要考慮別人的利益。以互利代替對別人的壓制，這才是明智的做法。

12 哈佛大學推薦二十個快樂的方法：第一個就是：要會感恩。

人應該有感恩之心，要記住別人對我們的恩惠，而洗去我們對別人的怨恨，只有這樣，在人生的旅程中才能自由自在地輕鬆翱翔。

拉辛和吉姆、馬特是好朋友。有一次他們三個一起旅行。當三人行經一處山谷時，馬特失足滑落。幸虧拉辛拼命地拉住他，才將他救起。馬特於是在附近的大石頭上刻下了一句話：「某年某月某日，拉辛救了馬特一命。」

三人繼續向前走，幾天後來到一條小河邊，拉辛跟馬特為了一件小事爭吵了起來，拉辛一氣之下打了馬特一個耳光。馬特當時非常憤怒，跑到沙灘上寫下：「某年某月某日，拉辛打了馬特一耳光。」

當他們旅遊回來後，吉姆好奇地問馬特為什麼要把拉辛救他的事刻在石頭上，卻將拉辛打他的事寫在沙灘上。

馬特回答：「拉辛救了我，我永遠都感激他。至於他打我的事，我會隨著沙灘上字跡的消失而忘得一乾二淨。」

不管你今後會取得多大的成就，都應該培養自己的感恩之心，回報之心。我們所獲得的一切，所享受到的一切，不是無緣無故得來的，而是許多人默默地創造和奉獻，才直接或間接地構成我們今日的生活。

因此，應該培養你博大、仁慈的胸懷。不管你對世界的貢獻有多大，在相當程度上也是為你生活在這樣一個世界上付「利息」，是為給予了你許多幫助的他人進行回報。只有這樣才會有自發的善舉，才會讓我們在人際交往中多一些寬容與理解，多一些和諧與真誠，遠離爭吵與冷漠。

既然享受了前人給我們創造的幸福，這是感恩，你也有責任讓後來者享受我們奉獻的成果，這是回報。

有一天，住在立陶宛的赫爾修，打算向吝嗇的富翁薩爾門搞一些金錢來花用，但是卻無論如何都沒能得逞。

最後，他在回家之前對對方嘆口氣說：

「哎呀！我說薩爾門呀！你的手到口袋的距離，比從此地到基輔（烏克蘭首都）還遠呢！」

「你在發神經啦？我的手哪有那麼長？」

「哪兒話。我是在說實話呀！從此地到基輔只要花一天的時間，而開口向你借錢時，你老兄卻叫我三天以後再來。」

13 在人類的社會中，離群索居，是不完美的人生。

有個猶太學者，品格高潔，為人親切而仁慈；對神十分虔敬，做事審慎。因此，他理所當然地成為當地人景仰愛戴的對象。

過了七十五歲後的某一天，他的身體突然一下子開始變得虛弱了，並很快地衰老下去，他知道自己的死期已經臨近，便把所有的學生叫到床邊。

學生到齊了之後，學者卻開始哭了，學生十分奇怪，便問道：「老師，您為什麼要哭呢？難道您有過忘記讀書的一天嗎？有過因為疏忽而漏教學生的一天嗎？有過沒有行善的一天嗎？您是這個國家中最受尊敬的人，最篤敬神的人也是您啊！照理說老師您沒有任何哭泣的理由才是啊！」

學者卻說：「正是因為像你們說的這樣，我才哭啊！我剛剛問了自己：你讀書了？你向神祈禱了？你是否行善？你是否做了正當行為？對於這些問題，我都可以做肯定的回答；但當我問自己，你是否參加了一般人的生活時，我卻只能回答：沒有。因此，如今要離開了，我才哭了啊！」

這則故事教育人們慎獨自律固然了不起，但不必太過火了，就像故事中的學者一樣只會做眾人的楷模，而卻沒有學會「參加一般人的生活」。

這裏「一般人的生活」不是指一般意義上的衣食住行，也不是指常人的其他感性生活，而是指集體生活。是指不與集體、別的個體相脫鉤。那些自命不凡的人孤立地生活在自己的世界裏，這種孤立的境地使他們更加孤陋寡聞，但是他們卻無法意識到自己的渺小與局限。

人類在本性上是群居的動物，想要讓自己有足夠的影響力，必須將自身置於核心地位，也必須注意周圍的一切動靜。人不能脫離群體而存在，必須與他人保持頻繁的接觸，只有這樣才能讓你在社交中脫穎而出。

14 當你拷問上帝時，是否也拷問過自己。

猶太民族一向很務實，很會做自我反省以及自我批評的工作，倡導人們要和普通大眾生活在一起。

一位拉比在海邊思考的時候，看見一條船觸礁遇難了。船上所有的人都掉進海水中淹死了。看到這一幕，他非常憤怒地問上帝：「為什麼讓所有的人都死了呢？難道他們有什麼不可饒恕的罪過嗎？」

上帝回答說；「不！有個殺人犯在這條船上，只有他該死。」

拉比更氣憤了，罵道：「那你為什麼因為一個人應該死，而讓整個船上的人都受難呢？」

他越罵越氣憤，正在這個時候，一隻螞蟻在他腿上咬了一口，他低頭一看，只見一大群螞蟻圍在自己周圍，原來他正好站在離螞蟻窩不遠的地方。

他氣壞了，「今天怎麼連小小的螞蟻都敢咬人了？」於是，抬起腳，把周遭所有螞蟻都踩死了。

他的這一行為被上帝看在眼裏，就問他說：「你和我採用的都是同樣的方式，來讓應該受到懲罰的生物受罰，那你有什麼資格來責問我呢？」

拉比聽了，羞愧地低下了頭。

就像故事中的拉比那樣，我們也經常犯這樣的錯誤，就是要求別人該怎樣做，而不去問自己做了什麼？做對了什麼？應該做什麼？

人在社會生活中應該建立一種互助互諒的友好關係，這種關係又是建立在互相理解，互相謙讓的處世原則基礎上。而且，這種處世原則，應該在具體的環境中，恰如其分地視實際情況來運用。

相互尊重，彼此寬容，正是支撐人類在激烈的競爭壓力和強權夾縫中，求得生存的藝術，也是取得和諧人際關係的必要之途徑。

15 忌妒是毒藥，千萬別喝它。分享是快樂，趕快擁抱它。

當你看到別人的成就時，曾經嘗試過為他的成功喝彩？

一般來說，對於他人的成功，嫉妒往往是比誠心祝賀來得強烈，這是一般人典型的反應。

人一旦被嫉妒和憎恨所主宰，不僅會破壞人與人之間的關係，還會毀滅自己，因此人們如果有嫉妒的念頭，應趕緊把它驅離，別為自身帶來痛苦。

有兩個人，一個喜好貪婪，一個喜好嫉妒。

一次在追趕獵物的時候，他們在叢林裏發現了一個精靈，他們把精靈從獵物的口中救了下來。

精靈說：「為了報答你們，無論你們說出什麼來，都一定會實現。後說的人則會得到兩倍於前人的東西。你們不能破壞這個規矩。」

說完話，精靈就轉身走掉了。

那個貪婪的人渴望得到雙份的東西，於是說：「你先許願。」

好嫉妒的那個人回答說：「不論我祈求什麼你都會得到雙倍的恩賜，我有這麼傻嗎？」

那個貪婪的人憤怒起來了，他狂怒地撲到好嫉妒的人身上，把手舉得高高的，狠狠地打他。

於是，兩個人扭打在一起，最後那個好嫉妒的人說話了。

好嫉妒的人說；「讓我瞎掉一隻眼，讓我的一隻手殘廢掉，可是要讓我的敵人兩隻手都殘廢。」

就在好嫉妒者話音還未落的時候，突然可怕的遭遇降臨了——一瞬之間，他只剩下一隻手，也變成了獨眼龍。

結果，貪婪者果然收到了雙倍的折騰，他兩隻眼睛都瞎了，兩隻手在袖子裏無力地垂著，力氣也都沒了。

人們很難承受自己不如人的感覺，自我意識的膨脹擋住了理智的目光。當我們痛苦地與別人的優點或成就做比較時，只是在浪費我們的時間與精力，我們本來可以更好地發揮自己本身的潛能。

他人成功的時候，學會去分享他人的快樂，學會為他人喝彩，才會擺脫狹隘與自私的嫉妒之心，千萬別被嫉妒和憎恨所主宰，否則害人害己。

同時，也要警惕不要被他人嫉妒，不要過分炫耀自己，學會謙卑待人。只有在和諧的人際關係中，才能更好地發展自己、攀升自己。

16 心急的時候，口更不能急！

在許多猶太社區的拉比們，對侮辱和嘲笑規定了嚴厲的懲罰，即侮辱他人沒必要受到身體懲罰，但必須受到道德宣判。而且，暗示性的侮辱和直白式的侮辱是一樣嚴重。猶太人認為，當你率性而為，向別人發過脾氣之後，你的言語就像牆上的釘孔一樣，會在人們的心靈中留下疤痕。你這樣做就好比用刀子刺向了別人的身體，無論你說多少次對不起，那傷疤都會永遠存在。

一位農夫在山上砍柴時，救了一隻被獵人射傷的小熊，母熊為了感謝獵人，為獵人擺了一桌豐盛的晚餐，來款待他。

在席間獵人很高興，母熊問：「飯菜如何？」

農夫回答：「很好，很好，只是我忍受不了你們住所的臭味。」

若干年後，農夫再次在山上遇到了那隻母熊和小熊。

農夫問：「小熊的傷好了嗎？」

母熊回答：「好了，身上的傷口是可以癒合的，但是上次您說的話帶給我的傷害，卻永遠都無法癒合呢！」

從這個故事中可以看出，語言傷害有時超過肉體傷害，因為它刺傷的是心、是靈魂。在現實生活中，有人只顧一時口舌之快，有意無意地對他人造成了傷害，有時一句侮辱性的語言，完全可能把深厚的友情葬送。

無論你採取什麼方式指出別人的錯誤：一個蔑視的眼神，一種不滿的腔調，一個不耐煩的手勢，都有可能帶來難堪的後果。你以為他會同意你所指出的嗎？絕對不會！因為你否定了他的智慧和判斷力，打擊了他的榮耀和自尊心，同時還傷害了他的感情。

真正體貼的人是不會提及讓別人感到不快的話題，甚至他不能容忍那些念叨別人過錯的話。因此，在與人交往中你要切記：切忌揭人傷疤；切忌侮辱他人。

17 「笑」是百藥之王，「笑」可以產生力量。

你有沒有留意到，在這個緊張異常的商業社會裏，人們習慣了緊張，終日在緊張中生活，他們的臉孔，在不知不覺中繃緊了，顯得死板板的，毫無生氣。

假如你站在戲院門口，留意觀察一下那些在閒暇時到戲院看戲的人們，你會發現一件奇怪的現象。

奇怪的是，本來到娛樂場所去，心情應該是非常輕鬆的。不過，觀察的結果將會使你相當的吃驚：在一百人之中，至少有八十五人以上，他們的臉孔是繃得緊緊的，神色匆匆好像是去送葬的，而不是去享受的！

歡樂和笑聲是猶太人生活中必備的良藥，「笑」是一種強有力的武器，可以化解生活中的壓力，放鬆心情。知道嗎？越是成功的人物，他們越是注意微笑的連鎖反應。卡耐基就常用微笑來征服他的對手。

有一次，在盛大的宴會上，一個平日對卡耐基很有偏見的鋼鐵商人，背地裏大肆抨擊卡耐基，搬出了卡耐基全部的缺點，加以攻擊。當卡耐基到達而且站在人叢中聽他高談闊論時，他還不知道，仍舊滔滔不絕地數說著。宴會的主人相當尷尬，生怕卡耐基忍耐不住，當面加以指責，使這個歡樂的宴會成為舌戰的陣地！

可是，這位鋼鐵大王卡耐基却很安詳地站著，臉上掛著微笑，當抨擊他的人發覺他站在那裏時，反而顯得非常難堪，滿面通紅地閉上了嘴，想從人叢中溜走。卡耐基臉上卻仍然堆著笑容，走上前去親熱地跟他握手，如同沒有聽到他在說自己的壞話一般。那個攻擊他的人臉上一陣紅一陣白尷尬異常。卡耐基趕忙遞上一杯酒給他，使他藉著喝酒掩飾他的窘態。

第二天，那個攻擊卡耐基的人親自登上卡耐基的家門，再三向他道歉。從此，他變成了卡耐基的好朋友，並且見人就說：「卡耐基是個了不起的大人物。他的每個笑容都是那麼和藹，那麼安詳！」

從這個故事中可見，微笑能夠深入我們的內心，令我們生活中歡快的因素顯現出來，並令你獲得友誼和成功。

「微笑」是一份我們可以送給每一位與我們相遇的人的禮物，一份送給我們自己的禮物，而這個禮物所要花費的不過是我們輕啟雙唇的一動。我們可以讓微笑的力量充滿整個生命。

猶太人認為，帶給別人一個微笑，那就好比給一盆麵粉投入酵母，再加入適量的溫水，你就可以等待它發起來了。

18 愛就是給予，施比受更有福。

著名的拉比伊斯堡，一向在匈牙利傳道，由於薪水實在很微薄，他必須借錢過日子。正因如此，待維安卡小村落有了空缺時，他就應徵到那兒服務。

聽到了這個消息，伊斯堡的居民紛紛去挽留。

「您如果是到大都市赴任，咱們絕對沒有話說，但如果你為了到小村落落維安卡而離開這座市鎮的話，那咱們將感受到很大的恥辱。」

「你們為何不替我想想呢？」拉比說：「我在此地向人借錢是一種羞恥，可是一旦到了維安卡，縱使向人借錢也不致感到羞恥呀！」

於是，他的薪水就被提高了。

亞伯拉罕是猶太傳說中殷勤好客的典範，以他為榜樣，猶太人推崇好客的美德，尤其是對陌生人的殷勤。

不要吝嗇你的飯菜與美酒，一個高尚的人不僅要對朋友的來訪熱情款待，對陌生人的來訪，甚至乞丐的求助都要熱情地款待和幫助，因為，你給予的越多，得到的也會越多。

一名富翁決定舉行一個宴會，招待羅馬貴族。他向博學的人諮詢。學者說：「如果你打算邀請20個人，就做好足夠招待25個人的準備。如果你打算邀請25個人，就做好足夠招待30個人的準備。」

但富翁沒有聽從建議，只準備了招待24個人的飯菜，卻邀請了25個人。結果他差一人份的菜。

富翁為了防止客人的不愉快，就把一個漂亮的金盤子放在沒有菜的客人面前。誰知客人把盤子扔到他的面前，很憤怒地說：「你難道讓我吃盤子嗎？」

如果你在一次宴會上熱情地款待了你的客人，那麼客人會感激地說：「我的主人為我費了多大的心啊！他在我面前放了多少肉啊！他給了我多少酒啊！他給了我多少蛋糕啊！所有的這一切，他都是為了讓我高興！」

可是如果你是一個吝嗇主人，客人則會這樣說：「主人到底為我費了什麼心呢？我只吃了一小片麵包。我只吃了一小塊肉。我只喝了一杯酒！無論主人做了什麼，都只是為了讓他自己高興罷了！」

人們都願意與給予者交往，而不願與索取者交往。在給予的人際氛圍中，人際關係得到淨化和增進，給予就是種下關懷和熱愛的種子。

19 善良是溫暖的春風，人人都願意親近它。

猶太人注重善惡的價值判斷，認為能與善為鄰的人，才具有永恒的人格魅力。在人際交往中，一個人只要具有善的力量，就能吸引別人。如果一個人僅憑著自己的好惡而活著，那麼他的自我感受也好，利害得失也好，都很難持久。善惡分明，這就是一個人誠實或信用的魔力所在。

有一個人終生都十分自私。他快要死的時候，他的家人催促他吃點東西。他說：「如果你們給我一個熟雞蛋，我就吃。」

他正要吃雞蛋，一個窮人出現在門階前乞求道：「給我點施捨吧！」將死之人便把頭轉向家人，命令他們把他的雞蛋給乞丐。

臨死時，他的兒子問他：「父親，你所去的世界是什麼樣的？」

他的父親回答道：「要以實際行動行善，那樣，你就會在你將要去的世界裏有一席之地。我終生所行過的善只是給了那個乞丐一個雞蛋。但是我死了之後，那個雞蛋卻抵消了我所犯的錯誤。」

這個故事說明，做善事可以抵消自己的罪惡。善惡的判斷，要從自己開始。《猶太法典》上指出：「凡能超越別人的人，都受過兩種教育，一種來自教師，另外一種來自自己。」

要明辨是非，善惡並不是絕對的，並不是好人就會好到底，而壞人就會壞到不可救藥。每個人的內心都有「光」與「影」，大家都應該用善來改造自己。

為人處世的目的不外乎兩個，一為「過人的生活」，二為「增加人性之美」。因此，一定要加強自身修養，培養善惡的觀念，並由此來影響周圍的人和環境。不僅要自己行善，還要去阻止別人作惡。

《塔木德》上指明個人的處世目的是：「人是為保存自己和幫助他人而生。」所以，人不可只為自己，或只為他人而活著。光想著自己的人是卑賤的，而光想著怎樣做自我犧牲的人，則有喪失了理智的嫌疑。

20 信譽是一個人的最好美德，美德是一個人的無形資產。

丹尼被老師叫到教職員室，如此的被質問：

「丹尼，你的作文『我的貓』為何跟西蒙斯的一模一樣呢？」

丹尼不慌不忙的答道：

「因為我跟西蒙斯描寫的是同一隻貓呀！」

猶太人非常重視個人信譽，信譽是做人的美德。在社會裏，「信譽」代表著社會上的好評，也代表自己的名望。

一位學者的妻子要去集市買東西，她的兒子也要跟著去。學者妻子說：

「聽話，好孩子，媽媽回來後讓你父親給你買一匹小馬駒。」

兒子聽了之後，改變了主意。他立刻把這個消息告訴了父親。

妻子從集市回來後，看到兒子正開心地騎在一匹小馬駒上，妻子說：「我只是跟孩子說著玩，你怎麼能當真呢！」

學者說：「孩子是不能隨便跟他說著玩的。小孩子沒有為人處世的經驗，都是跟我們父母學的。現在妳欺騙他，不守信用。將來，他也會欺騙別人，不守信用的。況且，母親欺騙了兒子，兒子就不相信母親了。今後，妳又怎麼去教育他呢？」學者的妻子慚愧地低下了頭。

如果在社會上失去信譽之後，你周圍的人會用懷疑的眼光、埋怨的話語來對待你，沒有人會再信任你，沒有人會把你當作朋友，沒有上司會重用你，你的真誠也沒有人理解。在這種狀況下，你必須加倍努力，才能樹立在別人心目中的形象，才能獲得別人的原諒。因此，既重視自我又重視別人的人，才是重視信譽的人，才會贏得朋友，在社會上佔有一席之地。一個人為了自己的信譽，即使付出了重大的犧牲，也要緊緊地守住它。

21 交友如要要長久，就要「保持距離」。

在生活中，每塊地盤就是一個人的空間，彷彿是他的身體的延伸，如圍著籬笆的住所、臥室、椅子，還有他身體周圍的活動伸展空間。

不僅是人類，大部分動物在自己身體的周圍都有一定的空間。這個空間有多大，主要決定於動物的多少。在非洲邊遠地區長大的獅子擁有的空間可能多達50公里或者更多。這主要決定於獅子群體的多寡。牠們劃定邊界的辦法是在牠們周圍撒尿或排泄糞便。如果一隻獅子是同其他獅子一起在籠子裏長大的，那麼，牠的生存空間可能只有幾平方公尺那麼大，相當擁擠。

猶太傳說中有這樣一則故事——

夏季天熱，獅子覺得疲倦，於是躲進洞裏睡覺。有隻小老鼠來到牠身邊，在獅子脖子和耳朵邊跑來跑去，將獅子驚醒了。獅子很生氣，爬起來張牙舞爪地滿山洞找那隻小老鼠，結果找不到。

一隻狐狸見狀，不解地問：「你是一隻堂堂的雄獅，想不到睡覺時還怕一隻小老鼠？」

獅子說：「誰說我怕老鼠，我是討厭這小鬼牠太肉麻，離我太近，真是無禮至極！」

像其他動物一樣，人在自己的周圍也有一席空間，其大小決定於他所在的那個地區的人口密度。因此，個人的生存空間是由文化決定的。有些文化，如日本的文化，習慣於擁擠的空間，而別的文化則喜歡寬敞的空間，彼此保持一定的距離。

人們的社會地位也會對人與人之間的距離產生影響。人們都有各自的生活空間與個人隱私，不願被人侵犯，所以即使是好朋友也不可能真的親密「無間」。如果你想表示親密友善而靠近別人，應注意不要過分，貼得太近未免太無禮，必將收到適得其反的效果。

22 固執一旦與妄想聯姻，那就結合成為永遠的愚蠢了。

在赫爾姆的街頭，耶可夫跟沙繆一直在爭論。

他倆爭論的問題是：人類到底是從頭部長高呢？還是從腿部長高？

最後，沙繆說：「想起了孩提時代，父親買給我穿的褲子不久以後就會變短不能穿，所以嘛！我一直認為人們是由腿部長高的。可是，昨兒個不是有軍隊經過街頭嗎？」

「……約有一百個士兵並排著走過市街。」

「就是啊！我瞧他們的腿部都非常的整齊，不過頭的高度卻參差不齊。正因如此，我發覺自己犯了一項大錯。果然不出所料，人類是從頭部長高的！」

猶太人認為，固執之人都很愚蠢。他們的觀點越是錯誤，卻越要固執己見。所以，你一定不要年輕氣盛，意氣用事。即便你真的正確，也可以做些讓步，這才是為人的美善，人們最終也會承認你是對的，並稱道你寬大的氣度。固執給你帶來的損失，遠比你擊敗他人而贏得的東西要多。

人和獅子一同在森林中旅行，他們邊走邊誇耀各自的勇敢和力量。當他們爭得面紅耳赤，仍理不出結果之際，他們經過了一座勇士制伏獅子的雕像，人馬上為自己找到了有力的論據，指著那裏說：「看，這就是人最強壯有力的證據。」

獅子反駁道：「這不過是你們人類一廂情願的作品，如果我們獅子也會雕像，一定會雕出獅子把人踩在利爪之下的情景來。」

許多爭執就是如此，公說公有理，婆說婆有理，各執一詞，從不肯替對方想想。人有智慧，獅子有力量，這是他們的優點，然而他們都是從「我」出發，以為自己的評價標準是惟一的，並由此來否定對方，於是片面性就不可避免地發生了。

23 真心祝福一個人，就去分享他的喜悅。

猶太人認為若欲測知一個人是否真正敬愛神，只要看他是否愛他的朋友就可以知道了。這是因為——在猶太人眼中，神創造人時，本來就是希望人能與邪惡作戰。有些人和邪惡搏鬥的結果是敬愛神、遠離邪惡；但也有些人在這種苛刻而激烈的作戰中，一敗塗地，成為邪惡的奴隸。

而敬愛神，遠離邪惡，就會善待朋友，愛護朋友；一個人如果成為了邪惡的奴隸，他就會對朋友都沒有好心。

古時候，有一個國家連年戰爭，因為要徵兵、運糧，所以搞得老百姓的生活非常痛苦。

這時前線卻又傳來失利的消息，國王聽了非常生氣，另派一位將軍接掌軍隊。他不但解除了這位將軍的職務，而且還準備把他驅逐出境。

國王懷疑第一個將軍有賣國的行為，他很想知道這個將軍到底是熱愛國家、還是打算出賣祖國，想了很久，他終於找到一把可以用來測知將軍忠誠與否的尺度了。

國王的主意是：「假如我所懷疑的人忠心慶賀繼任者的職務，他一定是一個值得信任的人；反之，如果他對繼任者有扯後腿的言語或行動的話，那毫無疑問他一定是個賣國賊，到時我非定他的罪不可。」

猶太民族認為，衡量人的價值時，可以以此人是否衷心慶賀鄰人的幸福為標準。當自己充滿幸福感時，假如有個鄰人來共用他的喜悅，這是一件令人興奮的事。同時，作為一位敬愛神的人，應該是愛別人的。

正因為這樣，猶太人在艱難困苦中，總有許多朋友，在潦倒和絕望時，友情的力量常使他們燃起希望之火。

把別人的喜悅，當作自己的喜悅；而且也絕不把自己的快樂建立在別人的痛苦上，這是猶太人敬神愛人的體現，也是他們傑出的處世智慧之一

24 誰是最強大的人？就是能化敵為友的人！

希特勒掌握了權力以後，他希望才華橫溢的印象派畫家李巴曼不要再擔任普洛森造形美術院的院長。於是，希特勒就派遣一個官員去說服李巴曼，希望李巴曼能夠主動辭職。

官員去拜訪李巴曼，開始暗示他：「閣下，時代已經變了。」

李巴曼一直不吭氣。

官員又說：「新的時代需要新的人員。」

李巴曼仍然三緘其口。

官員又說：「美術院的某種變革是免不了的。」

李巴曼還是不動嘴巴。

官員覺得這種談話實在像在唱獨腳戲般的彆扭，開始變得結結巴巴，末了一句也說不出來啦！

兩個人就在一語不發之下，面對面坐著。

不久以後，李巴曼抬起了臉說：

「瞧！你已經蒙受到不少羞辱啦！」

諒解和接受曾經傷害過你的人，才是高明的處世之道，並可望從中得到回報。為此猶太人高度讚揚那些「受到侮辱卻不侮辱別人，聽到誹謗卻不反擊的人。」

同一艘小船上，坐著兩個彼此不共戴天的仇敵，因此他們儘量遠離對方，一個坐在船頭，一個待在船尾，後來海上起了暴風雨，船很危險，眼看就快要沈沒了。

坐在船尾的人便問，船的哪一頭會先下沈？船工告訴他，按他的經驗來判斷，應是船頭先沈入海。於是那個人滿意地說：「只要我的仇人在我面前先死，我就不怕自己的死亡了。」

人們之間無論有什麼恩怨，如果待在同一條船上，就應該齊心協力排除目前的困難。可是寓言中的兩個人卻沒有遵守這條規則，把這種仇恨看得比生命還重要。問題是，這船一沈，敵對的兩個人共同沈入大海，都會失去生命，同歸於盡，這樣仇恨是否算結束了呢？如果能合作共同自救，上岸後再把賬算清楚，這樣不是更有價值嗎？

在生活中要學會寬恕你的敵人，不要輕易樹敵。這種態度有利於培養輕鬆的心態。對自己更要一再地寬恕，別老拿自己和別人去比較，更別拿你和你理想的自我去比較。過你的生活，不要把別人的生活裝在自己的腦袋裡。

能夠原諒自己，就應該去原諒別人。對待敵人能夠用愛心去寬恕，對待朋友能夠用真誠去回報，是千百年來猶太人傑出的處世智慧。

Lesson 03

生活的智慧

人生有三種東西會傷人；

苦惱、爭吵和空的錢包。

1 健康不是任何財富可以取代的，擁有健康的人，就擁有人生最重要的寶物了。

保持健康絕不是一件容易的事情。即使是在醫學進步的今天，人們為了維持健康還要這樣那樣的煞費苦心。在不具備各方面衛生條件的古代，保持健康更是一件困難的事情。

猶太人從古代起就非常重視健康。中世紀的歐洲流行鼠疫的時候，猶太人病死的非常少。因此，當時謠傳猶太人健康是因為他們喝基督教徒的血。這種謠言的盛行使猶太人無根據地被誤解了。

其實，猶太人沒有被傳染的真正原因是他們有每天飯前洗手的習慣。這個習慣是在猶太戒律中規定著的。正是這個習慣，在保健衛生中起到了作用。

《塔木德》記載了醫學方面和保健衛生方面的觀點。其中有維護健康的幾點意見，整理如下——

1．**旅行**：適當旅行可以轉換心情，多了就有危險。
2．**性愛**：適當的性愛能令人熟睡，多了引起精力衰退。
3．**財富**：適當的財富能消除對生活的擔心，多了不但勞心也會傷神。
4．**勞動**：從早到晚地勞動令人身心健康，多了會生病。
5．**酒**：少飲能減少工作壓力，多飲酒後鬧事。
6．**睡眠**：適當的睡眠幫人恢復精力，多了使人懶惰。
7．**熱飲**：少量熱飲可以促進血液循環，多了會引起脈搏加速。
8．**藥物**：少量可以治病，大量就會中毒。

雖說這八條簡單，可也要充分注意。要重視自己的身體健康，因為健康是明天創造性工作的原動力。所以，從現在開始關注健康吧！能夠擁有一個健康的身體，這才是最大的幸福！

2 今天好好休息，明天就能走得更長遠。

如果向猶太人提問：「你們工作一小時可賺50美元以上，如果每天休息一小時，一天就少賺50美元，一年少賺1.8萬元以上，這值得嗎？」

猶太人會說：「假如一天工作八小時不休息，一天可賺400美元，那我的壽命將減少五年，按每年收入12萬元計算，五年我將減少60萬美元收入。假如我每天休息一小時，那我除損失每天一小時50美元外，將得到五年每天七小時工作所賺的錢。現在我60歲，假設我按時休息可再活10年，那麼我將損失18萬美元，18萬和60萬誰大呢？」

這個故事讓我們知道，當你工作十分辛苦的時候要給自己放一個小時的假。你並不會因此而損失什麼，反而會得到更多。工作是沒完沒了的，只要你願意工作，一輩子都別想休息。但是休息是為了走更長遠的路，這並不是在浪費時間。

猶太人認為，如果一個人在假日裏還要為工作而煩惱，或把工作帶回家去做，是很不幸的。雖然說工作對人生是有益的，但是如果一個人只知工作，而不知休息的話，他的人性就會迷失了。

在節假日裏，猶太人不談論有關工作的事，不思考有關工作的問題，不閱讀有關工作的書，也不討論有關工作的種種事宜，全身心地休息、娛樂、放鬆。

3 怕時間不夠用的人，往往是不會利用時間的人。

對於時間的利用，猶太人非常善於避輕就重，他們會以選擇性的方式來做。在猶太傳說中有這樣一則故事——

很久以前，在一個貧困的國家，有一智者與一愚者兩人相邀出國尋求生財之路，當走到一塊空地時，他們看見地上有很多麻，於是兩人都拿了好多的麻繼續往前走。

經過一個小鎮，他們見到鎮上人們都穿棉布的衣服，智者因為棉布比麻輕而且細致，於是用麻換了棉布，而愚者因為自己的麻捆綁得太緊了，所以沒有交換。他們又繼續往前走。

來到了一個集市，智者又用棉布換取了更輕的絲綢，而愚者卻想著他已將麻背了好長一段路，不能輕易換。於是他們又繼續趕路。

他們先後遇到白銅、白銀、黃金，智者依次交換，最後智者歡喜地得到了黃金。看著愚者因負擔過重而筋疲力盡，智者建議他放棄沉重的麻而換取黃金。而愚者卻始終認為自己的麻是經過遠途運載的，價值不菲，所以很固執地不肯交換。

就這樣經過長途跋涉，兩人最後分別載著黃金和麻回到了自己的家。智者的親人遠遠見到智者帶回了耀眼的黃金，熱情地歡迎他的歸來。而愚者的親人卻因愚者帶回了很普通的麻而大失所望。

人人都不希望成為愚者，你也一定想成為故事中的智者，最終獲得黃金與家人的擁戴吧？那麼，你一定要學會選擇，擺在你面前的事務哪個最重要。如果今天有大量的事務擺在你的桌面上，那麼，不妨先列出一個時間排序表，對這些事務做一個分析。

要分清事情的首要與次要，對這些事情做一個輕重緩急的分析。找出你效率最佳的工作時間。重要的，有決定性意義的事情，緊急的事情，一定要放在最前面，或者放在你效率最佳的工作時間，並且集中精力，全力以赴地去完成；把次要的工作可放在效率較低的下午去做。一些對結果沒有太大影響的事情，亦可以委託別人去做。

你在心中設計好一個時間計畫，並把它畫一幅圖或寫一張表格，放在你最容易發現的位置上，那麼你的工作、你的精力等等，都會投入到你的目標中去了。因此，你也不會認為是別人在督促你去學習、工作，去實現自己人生的目標，而是時間在促使你去更好地完成你的目標。這樣，你的工作效率就會大大地提高。

每天都有一個計畫，然後再開始投入工作。對你來說，這一整天都會有一個高效率，處在良好的狀態。只要我們能善用時間，就永遠不愁時間不夠用。

4 弓箭只能射到看見的人，謠言能夠傷害看不見的人

有一天，柏林的報紙報導了沙菲爾死亡的新聞。

於是，認識沙菲爾的人紛紛打電報問他：

「那件新聞是否是真的？」

沙菲爾回電說：

「那件有關我死亡之報導，實在是太誇張啦！本人並不知情啊！」

猶太人認為：談論別人是非會使你變得心胸狹窄。在智者眼中，你也成了謠言的傳播者，他們會因此而鄙夷你，這對你一點好處也沒有。所以，對八卦傳聞不要好奇，不要被謠言所左右，你應該遠遠地離開它。

猶太的智者為了糾正一個女人散佈謠言的習慣，把她叫到跟前，給了她一個袋子，說：「妳把這個袋子拿去，到了廣場之後，妳就打開袋子，一面把袋子裏的東西擺在路邊，一面走回家。但是，回到家之後，妳便要掉過頭來，把剛剛放在路邊的東西收齊以後，再回到廣場上去。」

女人接過袋子，走到了廣場之後，她依照智者吩咐將袋子打開，發現裏面裝的竟然是一大堆的羽毛。

那是一個萬里無雲的晴朗秋天，微風輕吹，令人非常舒服。女人照著猶太智者的吩咐，一面走，一面把羽毛擺在路邊，當她走進家門時，袋子剛好空了。然後她又提著袋子，一邊檢，一邊走回廣場。

可是，涼爽的秋風卻吹散了羽毛，所剩寥寥無幾了。女人只好回到智者那裏，她失望地向智者說：「一切都照您的吩咐去做了，但是，卻只能收回幾根羽毛。」

「我想也是，」猶太智者回答說：「所有的謠言都像是大袋子裏的羽毛一樣，一旦從嘴裏溜出去，就永無收回的希望了。」

遇到鬼的時候，你一定會拔腿就跑；遇到謠言時，你也要快速地逃跑。此外，不要用嘴巴去發現看不見的東西（意思是：無事生非）。

你要知道，謠言是各種攻擊中最令人頭痛的，它傳久了之後就會變成惡語。謠言可以疏遠最親近的朋友。當所有人都不再在背後道人長短時，一切糾紛的火焰都會自然熄滅了。

謠言總是有兩張面孔，你只能看到其中的一張。所以，面對謠言的時候不要輕易相信它。因為，你看不到它隱藏起來的真面目。

5 磨坊磨出麵粉，舌頭磨出是非。

舌頭是善惡之源。當它好的時候，沒有比它再好的了；當它壞的時候，沒有比它更壞的了。愚者常常暴露出自己的愚昧，賢者卻總是隱藏自己的知性。基於這樣，猶太人堅信：「假如你想活得更幸福、更快樂的話，就應該從鼻子裏充分吸進新鮮的空氣，而始終關閉你的嘴巴。」

一個波斯國王快要病死了。醫生說：「只有母獅子的奶可以救你！」大臣們沒有一個人敢去，這時候，一個僕人說：「我願意去，但是必須給我十隻羊。」國王同意了，於是那個僕人就帶著羊來到了獅子洞。

這個人每天都向山洞裏扔一隻羊，到了第十天的時候，這個人已經和獅子成了朋友。最後讓他取了一些獅子奶回去了。

大功告成的時候，這個人身體的各個部分吵了起來。各說各的用處，只有舌頭沒有說話，它心想：「回去我就讓你們知道我是最有用的。」

僕人回去後來到國王的宮殿，舌頭說：「這是我給你帶回來的貓奶！」

「貓奶！」國王咆哮道：「我要的是獅子奶。把這人帶走吊死。」

在去刑場的路上，這個人身體的各個部分都害怕了。這時舌頭對它們說：「現在你們知道什麼是最有用的了吧？」

「即使你是最有用的，現在也救不了我們！」

「我還有最後一句話要對國王說，我還有另外一個辦法能救國王！」舌頭大聲喊道。「難道你不知道母獅子也叫做大貓嗎？我拿回來的正是母獅子大貓的奶啊！」

醫生把這個人拿回來的奶檢查了一番，發現真的是母獅子的奶。國王喝了以後，病很快就好了。這個勇敢的僕人也得到了國王慷慨的獎勵。

從這則猶太故事可以看出，話不可以隨便亂說，應該警惕自己的舌頭，如同慎重地對待珍寶一樣；讓自己的舌頭保持沈默，災難才不會落在你頭上。

6 勇於承擔責任的人，他絕對會成為一個領導人物。

猶太民族認為，好事和他人一起分享，而自己的責任卻一定要自己一個人承擔起來。放棄自己的責任和義務是可恥和罪惡的。

在同一支部隊裏有一對兄弟，其中一人被德軍的子彈打中。倖免於難的另一人請求長官允許他去把他的兄弟背回來。長官回答說：「他可能已經死了，你冒著生命危險去把他的屍體背回來是沒有用的。」

但在他的一再懇求下，長官同意了。就在那名士兵剛把他的兄弟背回到營地時，他那身負重傷的兄弟已經死去了。

長官說：「看看，你冒著生命的危險把他背回來，真是毫無意義。」

但這名士兵回答道：「不，我做了他所期望的事，而且我得到了回報。當我摸到他身邊扶起他時，他說：『湯姆，我知道你會來的……我覺得你一定會來的。』」

這個故事說明，家庭成員之間的責任，是出於我們的愛而履行的。人既然生存在這個世界上，就應該承擔起在這個世界上生存的責任。即使可以把其中一半的責任推給環境，但自己仍須負擔另外一半的責任。

7 樂施好善，助人助己。

猶太民族是一個善於施捨的民族，施捨並不是在行善積德，而是在履行一種公共義務。當收穫的季節來臨的時候，猶太人總是在收割的時候留下一些莊稼讓窮人們來撿拾。

在某個地方有一家很大的農戶，這位農夫被稱為當地最慈善的人。每年他都毫不吝嗇地捐財獻物。

這個農戶有一塊很大的農田。可是有一年，這個農夫遭到了風暴和瘟疫的襲擊，所有的農田和果園都遭到破壞，全部牲畜都死光了。

債主蜂擁而至，把他所有的財產扣押了起來抵償債務，清算結果最後他只剩下一小塊土地。可他卻說：「既然神賦予的東西，神又奪回去了，還有什麼可說的呢？」

他泰然處之，絲毫沒有怨天尤人之意。

後來，又有一個拉比到這位農夫家請求捐獻，農夫說：「我們時常為教師建造學校、維持會堂，為窮人和老人捐款，今年拿不出錢來，實在遺憾。」

夫婦倆覺得讓這位拉比空跑一趟，於心不安，便決定把最後剩下的那塊地再賣掉一半，將它捐獻給那個拉比。

之後的某一天，農夫在剩下的半塊土地上犁地，耕牛突然滑倒了。他手忙腳亂地扶起耕牛時，卻在牛蹄下的土地上發現了一大甕黃金。他把黃金賣掉之後，又過上比先前富裕好幾倍的生活了。

這是《塔木德》上記載的故事。這個故事讓人明白：助人就是在助己。或許現在你不用為生計發愁，但是當你遇到不可預測的危機時，別人也會像你當初幫助別人一樣來幫助你。

只要樂於行善，它必定會有所回饋，這就是捐獻的益處。只要你捐得越多，回饋就越豐富。這種施捨有利於人們之間的互濟互助，有利於社會的和諧穩定。

8 別人手中一堆的希望，也比不上自己手中小小的滿足。

何洛畢到醫生那兒求診，經過了種種的檢查以後，醫生說：「何洛畢先生您很健康，只是有那麼一點兒糖尿病傾向罷了。如果我是您的話，我根本就不會煩惱。」

「醫生啊，你說得很對，就算你罹患有糖尿病，我當然也不會煩惱啊！」何洛畢生氣地回答。

在生活中，每個人都不要因為收穫微小而放棄，人要懂得知足常樂。只有這種心態才能在生活中保持平衡，才能更好地發現自己在社會中的扮演角色。

一個小男孩在桌子上發現了一罐堅果。「我要吃堅果，」他想：「如果媽媽在這裏，相信她一定只會給我一點點，而我自己卻可以拿一大把。」

於是，他把手伸進罐中，大大地抓了一把。但是當他向外拿時，卻發現罐口太小了。他的手被夾得很緊，可他卻一粒堅果也不想放棄，他試了又試，還是無法拿出來，最後他急得哭了起來。

這時，媽媽走進了房間來，問道：「寶貝，發生了什麼事？」

「媽媽，我無法把手中的堅果拿出來，手被夾住了。」男孩嗚咽著說。

「好啊！誰叫你要那麼貪心。」媽媽說：「如果只拿一兩粒，你就不會遇到麻煩了，你本來自己應該能想到這一點。」

我們不能像故事中的小男孩那樣，因為貪多，最後卻一粒也得不到。因此，做事不可貪婪，抓住能夠得到的好東西，無論它多麼微不足道，不要因為貪婪而失去更多機會。猶太人正是因為懂得滿足，珍惜得到的一切，才成為別人眼中充滿智慧的民族。其實智慧很簡單：珍惜生活中的每一天，珍惜你身邊所得到的一切。

9 苦難是恩人，它能壯大你自己。

猶太人認為，苦難不是我們的仇敵，而是恩人，它可以鍛鍊我們去克服阻礙的種種能力。

森林中的樹，如果不曾同暴風驟雨搏鬥過了千百回，就不能長得十分結實。同樣，人不遭遇種種阻礙，他的人格、本領，也是不會長得結實的。所以一切的折磨、憂苦與悲哀，都是鍛鍊我們意志的法寶。

兩個強盜，偶然經過一台絞刑架旁。

其中有一個說：「假使世間沒有絞架這一類的刑具，我們的職業真是很好的一種呀！」

另一個強盜回答說：「笨蛋！絞架是我們的恩人。因為假使世間竟沒有了絞架這一類刑具，則人人都將要做搶劫的勾當，那時，你我兩人的買賣，豈不要做不成了嗎？」

正如故事中的兩個強盜感謝絞刑架一樣，其實，我們生活中的各行各業，亦是如此。

苦難是我們的恩人，有了苦難，才能淘汰一切不如我們的競爭者，而使我們得到勝利。精良的斧頭，其鋒利是從爐火的鍛鍊與磨削中得來的。有許多人沒有經歷窮途潦倒，就不會發現自己的力量。災禍的折磨，足以幫助人們發現「自己」。困苦，阻礙，彷彿是將生命鑿成美好的鐵錘與斧頭。惟有失敗，惟有困難，才能使一個人變為堅強，變成無畏。

凡是環境不順利，到處被擯棄、被排除，而獨自摸索奮鬥的年輕人，往往日後會成大器。而那些自小環境順利的好命人，卻大多「苗而不秀，秀而不實。」坦然承受生活中的困境與遭遇，正是猶太人生活中的高明之處。困苦像春日早晨，雖帶霜寒，但已有暖意；天氣的冷，足以殺掉土地中的害蟲，但仍能容許植物的生長！

10 珍愛大自然，生命是大自然的一分子。

在猶太智慧中，還有一條就是像愛惜生命一樣愛惜大自然。為了使人們生活在清潔的環境中，《塔木德》規定：「禁止生活在一個沒有一座綠色花園的城市裏。」猶太人認為愛惜大自然就是敬重上帝的表現，從下面這則故事中可以窺見一斑——

幾個長工在一家富人的地裏幹活。夜幕降臨後，他們什麼吃的都沒有，於是，就向富人的兒子抱怨說他們很餓。

這些人正坐在一棵無花果樹下休息，富人的兒子就對果樹說：「果樹啊果樹，長出你的果實來吧，好讓我父親的工人們充饑。」

果樹果然長出了果實，長工們就吃了果子。

富人回來後，向長工們道歉：「我因為在做一件施捨的事情，所以回來晚了，請你們原諒。」

「願上帝祝福你的願望，滿足你，就像你的兒子滿足我們一樣。」長工們回答道。接著，他們把果樹的事告訴了他。

富人一聽，滿腔怒火，轉身對他的兒子說：「我的兒子，你讓果樹在它的節令到來之前就結了果，這給上帝帶來了麻煩。你最好也在你的日子到來之前，就從這個世界消失了吧！」

故事中的富人雖然對自己的兒子過於苛刻了，但是他這種做法的積極之處是充分地尊重自然規律，愛惜自然所賦予他們的財富。

在古時候，猶太人的祖先禁止在作戰時砍伐果樹，他們把它視為破壞自然平衡。那時的人們認為，若長期圍困、攻打一座城，就不可舉斧子砍壞樹木，但是你可以吃那樹上的果子。

愛惜大自然，保護自己的家園是猶太先民最偉大之處。這是一種先進的意識，也是保持自身健康的智慧之舉。

11 如果不會孝順父母，成就再大也很渺小。

猶太人有這樣一段話：「世界上最純潔的感情是什麼？那就是父母對子女的愛，那是完全不帶任何功利的愛。」父母不僅給予了你生命，更給予了你教誨。對於這一觀點，猶太人有這樣一則故事——

曾經有位老人，妻子過世，他一人獨居。老人曾是個裁縫，但時運不佳，沒有積攢下一分錢，而今上了年歲無法再做活計。

他有三個兒子，全都長大成人，結婚成家，忙著謀生度日，只是每週回來一次，看看老父親，吃一頓飯就走人了。

老人越來越老了，他的兒子們來得也越來越少。

「他們根本不想待在我身邊了，」他自言自語：「他們都怕我成為累贅。」他徹夜無眠，擔憂自己如何度日，終於他想出了個計畫。

第二天，他去見那個做木匠的老朋友，請他給做個盒子。然後他又去見做鎖匠的朋友，跟他要了把舊鎖。最後他又去見一個吹玻璃的朋友，要來了他所有的碎玻璃片。

老人拿回盒子，裝滿碎玻璃，用鎖鎖緊，放在了飯桌底下。他的兒子們過些時候來吃晚飯時，腳碰到了盒子上。

「父親，這盒子裏裝的是什麼呀？」他們看著桌子下邊發問。

「噢，什麼也不是，」老人回答：「只是一些我攢下的東西。」

他的兒子碰了碰那盒子，看看有多沈。他們踢了一腳，聽見裏面發出嘩啦啦的聲響。「裏面肯定裝滿了老頭子這些年積攢的金子。」他們彼此嘀咕著。

於是，他們討論起來，意識到他們得保住這筆財產。他們決定輪番同老人住在一起，照顧他。

第一週，最小的兒子搬了進來，照料父親，為他做飯。第二週二兒子值班，第三週大兒子值班，他們這樣堅持了一段時間。

最後，老人生病死了。兒子們給他辦了一個很體面的葬禮，因為他們知道桌子底下有一筆財產，現在他們可以稍微揮霍一些老頭子的積蓄。

喪事過後，他們滿屋子搜尋，找到了盒子的鑰匙，打開盒子。當然，他們發現裏面全是碎玻璃。

「多討厭的把戲！」大兒子喊道：「對你兒子做這樣卑劣的事！」

「他不這麼做又能怎麼樣呢？」二兒子傷心地問道：「我們必須對自己誠實，要不是因為這個盒子，我們可能直到他死也不會關心他。」

「我真感到羞愧，」小兒子哭泣著說：「我們逼著自己的父親去欺騙他兒子，因為我們完全忘了小時候他對我們的教育。」

但是大兒子還是把盒子翻了個遍，檢查了一下，確實什麼值錢的東西也沒有。他倒出了所有的碎玻璃，此時三個兒子望著盒子裏面驚呆了，盒子底下刻著一行字：「孝敬你們的父母吧！」

孝順父母，首先要尊敬父母。和父母談話時，態度要和善。奉養父母時，要和顏悅色。外出時，要告知父母，以免父母為我們擔憂。其次，要順從父母，儘量聽從父母的意見，以免父母操心。

Lesson 04

金錢的智慧

要夢想成真，少睡多用心。

賺錢靠勇氣，存錢靠聰明。

1 金錢沒姓氏，更無履歷表。

錢是貨幣，是一個人擁有的物質財富多少的標誌，它本身不存在貴賤問題。

由於對錢保持一種平常的心態，甚至把它看得如同一塊石頭、一張紙，猶太人才不會把它敬若鬼神，也不認為它是乾淨或骯髒，在他們心中錢就是錢，因此，他們孜孜以求地去獲取它，失去它的時候，也不會痛不欲生。

正是這種平常心，使得猶太人在驚濤駭浪的商海中馳騁自如，臨亂不慌，取得了穩操勝券的結果。

對此，猶太人有這樣一則故事——

有一位演講者在一個公眾的場合演講，為了證明人在任何時候都要看得起自己，他拿起了一百美元，高舉過頭頂。

「看，這是一百美元，嶄新的一百美元。你們有誰想要嗎？」結果所有人都舉起了手。

然後，他把這張紙幣在手裏揉了揉，紙幣變得皺巴巴的了，然後又問觀眾：「現在有人想要這一百美元嗎？」所有的人都舉起了手。

他再把這張紙幣放在地下，用腳狠狠地踩了好幾下，這時紙幣已經變得又髒又皺了。

他拿起來錢，又問：「現在還有人想要嗎？」

結果所有的人還是都舉起了手。於是他說：「朋友們，錢在任何的時候都是錢，它不會因為你揉了它，你把它踩皺弄髒，它的價值就會有任何的變化，它依然可以在任何商店裡使用出去。」

為什麼那張鈔票在那個演講者的手裏揉皺了，又被他踩了又踩，弄得髒兮兮地，還是有人想要它呢？

因為鈔票就是鈔票，鈔票是沒有高低貴賤的，它不會因為受到了什麼「待遇」就有所差別，它還是以前一樣的價值，和其他的等面值的鈔票的價值是一樣的，只要他們的價值一樣，鈔票都是平等的。

猶太人就是這樣的觀念，所以他們總是不怕生意微小，即使連小的生意也是不會放棄的，因而在他們的經商歷史中，他們總喜歡把「鈔票不問出處」這句話掛在嘴上。

這句話實際上是在教人們創造和積累財富必須處心積慮，必須巧捕商機，必須妙用手腕，只要是合法的錢，就可以不必顧忌別人的眼光，堂堂正正去賺錢吧。

2 聖經普照光明，金錢溫暖人心，金錢就是世俗中的上帝。

猶太人以重視金錢而聞名，他們雖以宗教作為生活的依託，但他們從不輕視金錢。金錢在他們的心目中非常重要，被看作是散發溫暖的「聖經」。

為什麼呢？因為猶太人各個都是精於經商賺錢的，而且，金錢被當作是「世俗的上帝」。猶太人信仰上帝而不盲信。比如，當拉比們熱烈地要求信仰上帝並讚美上帝時，照樣有人敢當面抗議說：上帝沒為猶太人幹過什麼，他不應獲此殊榮。

猶太民族是個幽默而機智的民族，他們滿嘴是精明而風趣的笑話，他們雖然調侃上帝，但是從不調侃金錢。

有一次，勞布找好朋友格林借錢。「格林，我眼下手頭拮据，能借我一萬先令嗎？」

「親愛的勞布，可以借啊！」

「那你要百分之幾的利息？」

「9％。」

「9％，」勞布叫起來：「你瘋了，你怎麼可以向一個教友要9％的利息，上帝從天上看下來時，他對你會有什麼想法？」

「上帝從天上看下來時，9看起來會像個6。」格林微微一笑回答。

勞布頓時無言以對。

猶太人幾乎用很隨意的口氣，像談論鄰人一樣談論上帝。但他們對金錢卻永遠是極其認真的。猶太人認為金錢得以使人們的肉體生存，也只有在保證肉體生存之後，才能膜拜精神上帝，追求高貴的精神生活。

所以，他們才會大言不慚——

聖經普照光明，金錢溫暖人心，

金錢就是世俗中的上帝。

3 錢是一把雙刃劍，不會用，會傷害自己。

猶太人的祖先在二千多年的流散歷程中，歷經迫害、放逐乃至殺戮，卻終未被同化，這和錢有著不可分割的關係。因為一個民族一旦掌握了金錢，他便掌握了生存和發展的權利，他不僅可以利用金錢對付外族的侵略和演化，還可以利用金錢增加抵抗的力量。

猶太人把錢當作一把雙刃劍，即認識到錢可以讓人生存，又可以腐蝕一個人的靈魂。所以金錢是反映人性的一面鏡子。

有這樣一個故事，在猶太人中間廣為流傳——

有三個猶太人來到耶路撒冷，由於身邊帶錢過多不方便，大家商議將各自帶的錢埋在一塊兒，然後就出發了。結果，其中有個人又偷偷地溜回來，將錢挖走了。

第二天，大家發現錢被盜了但又猜不出是誰所為，於是他們請來了當地有名的智者為他們做決斷。

智者了解事情經過後，沒有急於問案，卻說：「我有一道難題解不開，請你們來幫幫我。」

智者講了一個故事——

有個女子許諾嫁給某男，並訂了婚約。但不久以後，她又愛上了另一個男子。為了解除婚約，她願意付給未婚夫一筆賠償金。未婚夫沒有接受，並且痛快地答應了她的要求。在一次趕集的時候，女子被一名騙子拐賣了。後來，姑娘對騙子說：「我以前的未婚夫不要我的賠償金就和我解除了婚約，所以，你也放過我吧！」於是，那個騙子就把女子放了。

講完故事後，智者問三個人：「請問一下：女子、未婚夫和騙子，誰的行為最值得讚揚？」

第一個人馬上回答說：「她的未婚夫能夠不強人所難，也不要錢，其行為真讓人敬佩。」

第二個人則是認為：「女子有勇氣和未婚夫解除婚約，並要和真正喜愛的人結婚，這份勇氣，值得世人讚賞。」

第三個人卻說：「這個故事簡直莫名其妙，那個騙子既然為了錢才誘拐姑娘的，可為什麼不拿錢就要放她走了呢？」

智者不等第三個人說完，指著他大喝一聲：「你就是偷錢的人！」

智者解釋道：「他們兩人關心的是故事中人物的愛情和個性，而你卻一心只想到錢，沒有道義情理，你肯定就是小偷。」

猶太人雖然認為金錢是「世俗的上帝」，但是卻不能因為金錢而喪失道義，以他們往往依據一個人對於金錢的態度來判斷一個人的品質。

4 要與一個朋友絕交，就開口和他借錢吧！

猶太人朋友之間很少涉及金錢，他們之間朋友是朋友，金錢是金錢，分得十分清楚。一般不把友情摻入金錢，也不借錢給自己的親朋好友。

猶太人喜歡放高利貸收取利息，這是幾百年的傳統了。所以，猶太人沒有錢的時候，喜歡去借貸，來充實自己的資金或者暫借資金來渡過難關。借貸資金是一種商業行為，這與向朋友之間借錢的行為是不一樣的。

梅西克向羅揚借一千二百馬克，但是梅西克一直沒有錢還，每當遇到羅揚，梅西克都會溜掉，避而不見。羅揚真是束手無策，只能哀聲歎氣。

這時，他的另一個朋友對他說：「你不妨寫信給梅西克，叫他盡快歸還一千八百馬克的債，瞧瞧他的反應。」

羅揚也十分需要這筆錢，不得已只好採納了這個辦法，就給梅西克去了一封要討一千八百馬克的信。

兩天後，梅西克就回信了，信中說：「羅揚，我記得很清楚，我只向你借了一千二百馬克，你怎麼說我欠了你一千八百馬克，隨信附上一千二百馬克，如果你要打官司的話，你請便！」

如果朋友之間真的到了這個地步，就可以想到以後兩人的關係了。自己的朋友沒有錢，如果逼朋友還錢，那與朋友長久培養起來的感情就會因此而崩潰了。打官司更是浪費自己的錢財，對朋友的感情也更是致命的打擊。

因此，洞悉人情的猶太人說：借錢，即是掏錢給自己買了個敵人。你可以用其他友善的方式接濟你的朋友，但不要借錢給他。猶太人開的餐館貼著這樣的一首歌謠：「我喜歡你，你要借錢，不能借，怕你借了，以後不再上門。」說的就是這樣的意思。

5 能賺錢的智慧，才是真的智慧。

甲問乙：「智慧與金錢，哪一樣更重要？」

「智慧當然比金錢重要。」

「既然如此，為何學者、哲學家要為富人做事呢？而富人卻不為學者、哲學家做事？」

「這簡單，學者和哲學家知道金錢的價值，而富人卻不懂得智慧的重要性。」

從某一方面來講，乙的說法很有道理：知道金錢的價值才會去為富人做事；而不知道「智慧」的重要性才會對其傲慢十足。

但這段對話的調侃意味更加深長：既然學者和哲學家知道金錢的價值，為何不能運用知識去獲取金錢，為何只能單單受富人的擺佈、為他們工作，而掙取那份不成正比的「嗟來之食」呢？

很顯然，學者、哲學家並不擁有真正智慧，他們擁有的只是一堆堆知識。儘管他們明白錢的價值，卻無法駕馭金錢，或者說無法讓金錢為其效勞。相反，富人卻能駕馭、聚斂金錢，並通過金錢奴役學者。富人的本領才是真正智慧！

一個穿戴得很體面的紳士，站在那裏優閒地抽著雪茄。

傑克必恭必敬地對紳士說：「您的雪茄很香，好像不便宜吧？」

「兩美元一支。」對方回答。

「好傢伙……您一天抽多少支呀？」

「十支左右。」

「天哪！您抽多久了？」

「40年前就抽上了。」

「什麼，抽那麼久了……您仔細算算，要是不抽菸的話，那些錢就足夠買這家百貨公司了。」

「那麼說，您也抽菸了？」

「我才不抽呢。」

「那麼，您買下這家百貨公司了嗎？

「沒有啊！」

「告訴您，這一家百貨公司就是我的！」

金錢僅有積累是不夠的，金錢只有進入流通領域，才能發揮它的「生錢」作用，所以，紳士的智慧才是真正智慧。

6 現金不會騙人，在交易中要記住現金法則。

在繽紛複雜的社會中，沒有人能預知明天是什麼樣，也無法保證對方明天會發生怎樣的變化。人、社會及自然，每天都在變，只有現金是不變的。因此，在現實的交易中，一定要遵守現金主義，這是猶太民族的商業交易準則。

有一位猶太人，病危臨終之際，立下遺囑：「請將我的財產全部兌換成現金，用這些錢買一張高級的毛毯和床，然後把餘下的錢放在我的枕頭裏面，等我死後再將它們一同放進我的墳墓，我要帶這些錢到天國去。」

富翁死後，親人依遺囑準備將死者所有財產換得的現金一同埋進他的墳墓。這時，他的一個朋友覺得這樣太可惜，就靈機一動，飛快地掏出支票和筆，簽下了同等的金額，撕下支票，放入棺材。他輕輕地對死者說：「兄弟，金額與現金相同，你會滿意的。」

也許你讀完了這則故事後會說，是想讓我成為拜金主義者嗎？不是的，這個故事只是告訴人們，不要相信票據的價值，真正有價值的只有握在手中的現金。

7

金錢可能不是慈悲的主人，但絕對是相當能幹的奴僕。

猶太人注重金錢，但是他們只把金錢當作物品，它刺激人們去投入，投入資金就如同投入一次危險的遊戲。遊戲勝利了當然可喜可賀，但也不要太在意，否則會導致人們投資時的心理壓力，不敢去冒風險。儘管有人把金錢奉為世俗的萬能上帝，但是猶太人不會受縛於金錢，更不會成為金錢的奴隸，在金錢的狂態面前俯首稱臣。

一個歐洲商人在耶路撒冷旅遊時，遇到一位盤著腿安靜地在一棵大樹下做手工的老者。他正在用草編織小袋子。草編非常精緻，它吸引了許多遊客。商人想：「要是將這些草編運回國內，女人拎著這種草蝙的小袋子，將是多麼時尚、多麼風情啊！」

想到這裏，歐洲商人不禁有點激動地問道：「這草編多少錢一件？」

「一美元。」老者微笑著回答道。

「天哪！這會讓我發大財的。」商人欣喜若狂，他接著又問，「假如我買一萬個草編的小袋子，那你打算每一件優惠多少錢？」

「那樣的話，就得要兩美元一件。」

「什麼？」歐洲商人不敢相信自己的耳朵。他大喊著問：「為什麼？」

「為什麼？」老者也生氣了，他說：「做一萬件一模一樣的袋子，它會讓我乏味死了。」

在追逐財富的過程中，許多人忘了生命中，除了金錢之外還有許多東西。金錢對猶太人來說絕不僅止於財富的層面。金錢居於他們生活的中心地位，是人們事業成功的標誌，是為了更好地生存以及實現自身的價值。但是，金錢的多寡與安全係數成反比。因此，錢太多並不是一件好事。

8 簡樸讓人接近上帝，奢侈讓人招致懲罰。

猶太人愛用一個比喻：用破的水桶去汲水，水並不會完全漏空，至少還可以剩下一些。用那些積存滴水一樣的方法來存錢，同樣有望變成富翁。

有這樣一則小故事，闡釋了這句忠告——

路上走過來兩個年輕人。

一個是美國人，一個是猶太人。

見到一枚硬幣躺在地上，美國青年看也不看地走了過去，猶太青年卻激動地將它撿了起來。

美國青年對猶太青年的舉動露出鄙夷之色：

一枚硬幣也撿起來真沒出息！

猶太青年望著遠去的美國青年心生感慨：

讓錢白白地從眼前溜走，真沒出息！

兩年後，兩人再度在街上相遇，此時猶太青年已成了老闆，而美國青年還在尋找工作。

看到對方那麼成功，美國青年對此不可理解，說：「你這麼沒出息的人，怎麼這麼快就成功了？」

猶太青年說：「因為我沒有像你那樣看不起一枚硬幣。你如果看不起一枚硬幣，怎麼可能會有大把鈔票跑來跟著您呢？」

其實美國青年並非不要錢，但他眼睛只盯著的是大錢而不是小錢，所以他的錢總在未知的明天。這就是問題的答案了！

猶太人對金錢有自己的獨特看法——

「賺錢不難，用錢不易。」

「金錢雖非盡善盡美，但也不致使事物腐敗。」

「並非貧窮的人什麼都對，富有的人什麼都不對。」

「金錢對人所做的和衣服對人所做的是相同的。」

「讚美富裕的人，並不是讚美人，而是讚美錢。」

從這些話中不難看出，人們更傾向於把金錢視為工具，而事實也確實如此。

因此，只有愛惜金錢，避免不必要的浪費，才會小錢變大錢。財富的積累是從每一枚開始的，聰明的人絕不會因為錢少而棄之。因為成功是一點一滴的積累，只要有耐心的不斷積累，很快就會得到利用，由此便會得到許多更好的機會，將積蓄發揮效應。

9 黑暗的開始，明亮的結束。

著名詼諧家摩多凱有一天被倔強的農夫打了一巴掌。因為摩多凱又瘦又小，不敢跟那個農夫纏鬥。不過，他給那農夫一盧布，再對他說：「你幫我遵守了猶太教的規矩，我非常的感謝。逢到節日，我們猶太人都會出錢，請他人給我們一巴掌。如果是那個富人尤得的話，他一定會給你一百盧布。」

農夫再也聽不下任何話啦！他飛快的趕到富人尤得的家，撲上去馬上老老實實的賞了尤得幾巴掌。但是，尤得有好幾個大力士手下，把他狠狠揍了一頓再拋到外邊去。

「得到一百盧布了沒有！」摩多凱看到他那副狼狽像，幸災樂禍地問。

農夫撫摸著他疼痛的背部說：「很明顯的，這一家人並沒有遵守猶太教的規矩呀！」

猶太人的安息日是從星期五的日落開始計算的，猶太人認為與其明亮地開始，黑暗地結束，倒不如黑暗地開始，明亮地結束，這是一種積極的時間觀念。基於這樣的時間觀，猶太人希望人生也是這樣。

對於猶太人的時間觀，有這樣一則故事——

一位顯赫一時的政治家宴請幾位部下，這些部下都是將軍。政治家打算在飯後和他們談一些國事。

那幾位將軍因為其他的事情而遲到了。政治家便一個人先吃起來，等將軍們到達後，他已經吃完了。

政治家對他們說：「諸位，聚餐的時間已經過了，現在咱們可以開始研究事情吧！」

政治家絲毫不理會那些不遵守時間的將軍們的饑餓和窘境。

讀完了這個故事，你是否覺得那位政治家有些太不近人情了呢？但是在猶太人的眼中，時間和商品一樣，是賺錢的資本，可以生出利潤。因此盜竊了時間，就等於盜竊了商品。

時間是最公正的消耗品，它不會因權貴、貧賤、美醜而短金少兩。時間最喜歡愛惜它的人們。人生的價值不在於時間的長短，而在於我們如何駕馭和使用時間。事業有成，樂於奉獻，你就會生命充實，精神煥發，留住時間而青春永駐；庸庸碌碌，飽食終日，你的生命就是一片蒼白，縱然活到百歲，也是虛度光陰！

10 即使身處困境，也要活用的商業規則。

錢作為一種人為的產物，天然具有雙重屬性。一方面，錢的發生、發展是一個自然歷史過程，另一方面，錢又是人類自覺自主行動的產物。牟利行為必須置於一定的社會約束之下，這在猶太民族和其他一切民族都是完全一樣的，區別只在於約束的著眼點及相關的機制上。在這個問題上，猶太民族表現出同其他民族有著明顯區別的、最符合真正的錢的邏輯的特性。

猶太人以遵守上帝律法作為民族身分，而上帝對他們守法的回報，就是始終賜之以福，讓他們生養眾多、財產豐饒。猶太教典籍《塔木德》上明確寫著：「如果人類沒有惡的衝動，應該會不造房子、不娶妻子、不生孩子、不工作才對。」惡僅僅因為有利於人類，也獲得了存在的合理性，牟利本身還會有什麼問題嗎？

這意味著，在猶太民族那裏，對牟利行為的限定已經從「形而上」的層面轉到了操作的層面，有關牟利行為的正當性已經成了一個純粹形式上的問題。只要形式上正當的行為就是正當行為。這一命題可以由猶太人自己的一則笑話而得到極為明晰的證明。

摩西走進紐約市的一個廁所，坐上馬桶之後好一會兒，才發現廁所內沒有準備衛生紙。於是，他便隔著牆問鄰座用廁者：「請問您那兒有衛生紙嗎？」

傳來的回答是：「沒有，我也正為此犯愁呢！」

「請問您手邊有報紙、雜誌、之類的東西嗎？」

「什麼也沒有。」

「那麼我可以用十美元的鈔票與您兌換一美元的小鈔嗎？」

鈔票在這裏做什麼用，大家都清楚，用十美元的鈔票兌換小票的目的，大家也清楚，但這種明顯的轉嫁損失的做法，僅僅因為一個「自願的等值交換」形式上的正當，也就成為一種不僅正當而且聰明的「牟利行為」。

正是從這則笑話中，我們可以看出猶太民族對牟利行為的「方法論」限定的意義：猶太人在意的不是消極地維護人的秩序，而是通過維護牟利活動的秩序來達到維護人的秩序的效果。打個比方，一味著意於維護人的秩序的人會因擔心汽車軋死人而不許汽車上街。猶太人則聽任汽車上街而到處設立交通規則，在汽車暢通無阻的同時，保證不軋死人。

因此，猶太人不但使經濟秩序得到了保證，也使社會上那部分活力最強的人的牟利積極性得到了保護和調動，而在規定形式的範圍內的「惟利是圖」，更使猶太人的經商智慧得到了大大開發。一個經濟良性運行模式，就是在所有這一切條件得到滿足時共同構成的。

Lesson 05

生意的智慧

不會笑，不要開店。

不會讚美，不要說話。

不會說故事，不要銷售。

1 不能錢生錢、不能錢咬錢，錢躺在銀行和一張紙沒有什麼兩樣。

貧窮人認為富人之所以致富，是因為富人運氣好或者從事不正當或違法的行業。而正確的看法應當是將富人致富的原因，歸於富人較我們努力或者較我們克勤克儉。但這些人怎麼也想不到，真正造成他們財富不濟的，正是他們的理財習慣。

有一個大地主，有一天將他的財產託付給三位僕人保管與運用。他給了第一位僕人五份金錢，第二位僕人兩份金錢，第三個僕人一份金錢。地主告訴他們，要好好珍惜並善加管理自己的財富，等到一年後再看他們是如何處理錢財的。

第一位僕人拿到這筆錢後進行各種投資；第二位僕人則買下原料，製造商品出售；第三位僕人為了安全起見，將他的錢埋在樹下。一年後，地主召回三位僕人檢視成果，第一位及第二位僕人所管理的財富皆增加了一倍，地主甚感欣慰。惟有第三位僕人的金錢絲毫未見增加，他向主人解釋說：「惟恐運用失當而遭到損失，所以將錢存在安全的地方，今天將它原封不動地奉還。」

地主聽了大怒，並罵道：「你這愚蠢的人，竟不會好好利用你的財富。」

第三位僕人受到責備，不是由於他亂用金錢，而是因為他把錢存在安全的地方，根本未好好地利用金錢。多數人認為錢存在銀行能賺取利息，能享受到複利，這樣就算是對金錢有了妥善的安排，已經盡到理財的責任。

事實上，利息在通貨膨脹的侵蝕下，實質報酬率接近於零，等於沒有理財，因此，錢存在銀行等於是沒有理財。

將錢存在銀行而想致富，實在難如登天，試問：「你曾否聽說有單靠銀行存款而致富的人？」將所有積蓄都存在銀行的人，其著眼點不外乎是為了安全，而不在乎以後你的錢比別人不值錢！

2 怎樣做才會對自己有利，商人最重要的是精打細算。

金錢曾一度被許多人認為是骯髒的東西，因為它能引發人們的罪惡，因此他們把錢也看成是一種罪惡的工具。

但是猶太人並不這樣認為，猶太人認為賺錢是商人的天職，就像士兵的天職是服從命令一樣，賺錢並不是羞恥的事，它是天經地義的。能讓別人把錢從口袋裏掏出來放到自己的口袋裏，才是真正的聰明人。

一天，紐約一家銀行的貸款部走進一位猶太人。「請問先生，您有什麼事需要我幫忙嗎？」

貸款部經理一邊問，一邊打量著來人的穿著：高檔次的西服，高級皮鞋，昂貴的手錶，還有領帶夾。

「我想借一點錢。」

「好啊，您要借多少？」

「一美元。」

「什麼！只需要一美元？」

「不錯，只要一美元，可以嗎？」

「當然可以，只要你有提供擔保品，再多點也不是問題啊！」

「好吧，這些擔保可以嗎？」

猶太人說著，從豪華的皮包裏取出一堆股票、國債債券等等。

「總共50萬美元，夠了吧？」

「當然！不過，您真的只要借一美元嗎？」

「是的。」

說著，猶太人從經理手裏接過了一美元。

「年息為6％。只要您付出6％的利息，一年後歸還，我們就可以把這些股票、債券還給您。」

「謝謝。」

猶太人說完，就準備離開了。

分行經理恰好看到了整個借貸過程，但怎麼也弄不明白，一個擁有50萬美元的人，怎麼會來銀行借一美元。於是分行經理開口問道：「先生，我實在弄不明白，您擁有50萬美元，為什麼只借一美元呢？要是您想借更多一點的話，我們也會很樂意的……」

「謝謝您的好意，在我來貴行之前，問過好幾家金庫，他們保險箱的租金都很昂貴，所以我就準備在貴行寄存這些股票和國債，這裏的租金實在太便宜了，一年只須花6美分。」

正如故事中的猶太人那樣，這種坦然對待精明的心態，使得猶太人在商業經營中立於不敗之地。

商場如戰場，機會稍縱即逝。每一步都要經過慎重考慮才能做決定，一旦決定了就要馬上開始實施。在別人還沒有開始行動的時候走在別人前面。誰掌握了先機誰就能出奇制勝。這一切都需要你有一個精打細算的頭腦。

3 建立暢通的資訊管道，做生意才不會坐失良機。

對於一個長期缺乏保障的民族來說，有時候一個資訊就可能決定了生存或死亡。由這樣的傳統出發，猶太商人形成了對資訊的高度重視與敏感。

有個故事是這樣說的——

法官準備宣判剝奪三名罪犯的自由，刑期為三年。在宣判之前他對這三名犯人說：「我可以在宣判之前，滿足你們最後一個要求。」

這三個人分別為美國人、法國人和猶太人。

美國人愛抽雪茄，要了三箱雪茄。

法國人最浪漫，要一個美麗的女子相伴。而猶太人只要了一部電話機。

三年過後，第一個衝出來的是美國人，神情頹廢，手裏拿了一大把雪茄，大喊道：「快點把打火機給我！」原來他忘了要打火機了。

第二個出來的是法國人，只見他手裏抱著一個小孩子，陪伴他的女子手裏牽著一個小孩子，肚子裏還懷著第三個。他們前途渺茫，不知道該怎樣撫養這三個孩子。

最後出來的是猶太人，他緊緊握住法官的手說：「在這三年裏，我一直保持著與外界的聯繫。我的企業銷售業績不但沒有縮減，反而增長了一倍，為了表示感謝，我準備送您一部豪華轎車！」

與美國人和法國人的不同之處在於，猶太人沒有因為被監禁而失去與外界的聯繫，他比其他兩人聰明之處也在於此。

猶太人只要了一部電話機，正是這部電話機，不但沒有讓猶太人在三年的時間裏失去他所有的資產，還為他謀取到了更多的利益。

故事中的猶太人正是運用了資訊管道，保持了與外界的聯繫，因此賺取了利潤。是的，資訊的暢通是發展的前提。

在經商過程中，喪失了通暢的資訊管道也就意味著喪失了對顧客以及競爭對手的了解，喪失了企業競爭與發展的先機，這是萬萬不可的。現代文明面臨的最大危機是如何將資訊轉換為有組織的知識體系，如何更好地借助現代化資訊渠道，用更少的時間創造更高的效益。

在相同的條件下，誰能搶佔先機，誰就能穩操勝券。資訊來源的管道是多方面的，很少一部分來自獨家情報，更多的資訊是來自公眾的，但這需要進行專門的收納、整理、分析，並且需要超常的破譯思維。有時一個資訊就可能決定生死存亡。

4 握握良機，敢於冒險。

一個窮光蛋每天都在夢想著成為百萬富翁。當他聽說檢稻草可以成為百萬富翁，便直接從田地裏檢起一根稻草，想去換一所高級住宅。

他拿著稻草找到房地產商，說：「你好，我來用稻草換房子。」說完把稻草遞到了商人的面前，商人見到他這種舉動，覺得非常驚訝，憤怒地拒絕了窮光蛋的請求。但窮光蛋卻執意要用稻草進行交易。最後商人找來了警察，不幸的窮光蛋哭喊著被送進了精神病院。

當然，我們的思維不能像窮光蛋那樣變成倒楣蛋。這件事只是告訴我們猶太人做生意，只要有一點機會，你就必須去嘗試。冒險本來是機遇的一部分。

在商業運營過程中，要懂得風險與贏利共存並成正比的關係。高風險意味著高回報。抱著低風險，高回報的幻想去投資的人，偶爾的投機也許會有，但更常見的結果是竹籃打水。

人們對機會把握的能力基本差不多，但有些人在看到機會的同時，也被伴隨著機會的風險弄得患得患失，猶豫不決；或是在那一點點風險面前麻木不仁，沒有反應，使機會在自己面前溜走。

在關鍵時刻看準機會，敢於投資，通常可以得到很不錯的機會。但這當然要善於觀察分析市場行情。機會如白駒過隙，如果不能克服猶豫不決的弱點，可能永遠也抓不住機會。

5 生意不能有溫情，每一次都是初交。

猶太人認為，在商業活動中，人與人往往是以利益來維繫的，人的良知和道德常會被金錢扭曲，一旦輕信別人，就可能傾家蕩產，而且是呼告無門。對此觀點有這樣一個小故事——

雨傘櫃檯的售貨員不用開口，利用顧客的問話，就構築好了第二次陷阱。

「先生，您買這把漂亮的傘吧！我保證這是真絲綢面的啊！。」

「可是，太貴啦！」

「那麼，您就買這把吧！這把傘也很漂亮，可是並不貴，只五馬克。」

顧客聽了有點動心了，問道：

「這把傘也有保證嗎？」

「那當然。」

顧客考慮了很長時間，又問道：「保證它是真絲綢面的嗎？」

「不是……」

顧客訝異地說：

「那你又保證什麼呢？

「這個嘛……我保證它的確是……一把傘。」

此則笑話中的顧客，差一點把「第二個保證」當作「第一個保證」，從而買了一把僅僅保證是「傘」的傘。

生意畢竟是生意，容不得「溫情脈脈」。

「每次都是初交」是猶太人在漫長的歷史時期中，由活生生的商業活動而得出的生意經。在人的潛意識層面上「每次都是初交」往往在漫不經心中被忽略了，直到事情結果出來了，大失所望甚至絕望之餘，人們才不無懊悔地察覺自己的疏忽。

6 如果什麼都照規矩，不能變通就無法成為好商人。

在實際經營活動中，商人同樣也會遇到種種法律規則與經營目標發生衝突形成兩難的情境，基本策略是化兩難為兩全。在進行商業操作之前，先排除眾多倫理道德規範的掣肘和情感的障礙，放下包袱，輕裝上陣，眼界看得寬，手腳放得開，處處得心應手，才能無往而不勝。

在猶太商人看來，投資人想躋身於理財致富之林，還要能在思考模式上擺脫掉傳統思考。

有一個成年人不知怎麼騎腳踏車，他看到一位小孩騎，就羨慕地抱怨說：「小孩子身手敏捷才會騎車。」

沒想到小孩子卻反駁道：

「不一定要身手敏捷才會騎車。」

於是，小孩子便教會了成年人騎車。當成年人愉快地與這小孩道別後，又習慣性地推著車走路回家。

習慣支配你的一生，這就是習慣的力量。這位成年人雖然學會了騎車，卻擺脫不了牽車子的習慣。要想成為一名有決斷力的優秀商人，對於所借助的東西，就不要有什麼顧忌，只要是不違犯法律，就應學會靈活變通，完全不必考慮過多了。

7 借力使力，出奇致勝。做生意要懂得借雞生蛋。

借勢操作是猶太商人經商的一大訣竅。借助別人的力量使自己的能力發揮最大效果是成功的捷徑，善於拜訪比自己有智慧的人可以使自己立於不敗之地。

一條街道上，同時住著三個理髮師，手藝都不錯。可是，因為住得太近了，生意上的競爭非常激烈。為了搶生意，他們都想掛出一塊有吸引力的招牌來招攬顧客。

一天，一個理髮師在他的門前掛出一塊招牌，上面寫著這樣一句話：「城裏最好的理髮師！」

另一個理髮師看到了這塊招牌，連忙也寫了一塊招牌，第二天掛了出來，招牌上寫的是：「全國最好的理髮師！」

第三個理髮師眼看著兩位同行相繼掛出這麼大氣的廣告招牌，搶走了大部分的生意，心裏很是著急。這位理髮師為了招牌的事開始茶飯不思。

第三天，第三個理髮師終於掛出了他的招牌，沒想到，這個理髮店從此之後生意特別地興隆。

招牌上寫的是什麼呢？

原來第三塊招牌上寫著：「本街最好的理髮師！」

「本街最好」，那就是這三家中最好的。這名理髮師正是借用了前兩者的宣傳方式，借力使力，出奇制勝。在商業運作中，聰明的第三家理髮店借勢操作是很重要的一個環節。儘管任何事業都不可能一步登天，但「登天」的途徑卻有千萬條，借勢借力就是一條快捷而又省勁的途徑。

不論在商界、政界，還是在科技界的成功者，都是善借別人之「勢」，巧借別人之「智」的高手。

8 知己知彼，百戰百勝。

在生意場上，更要運用知己知彼的戰略，不但要讓自己了解對方，也要讓對方了解自己的意圖。這樣，做起生意來才可以減少彼此的猜忌和不信任，有利於交易的成功。

只有洞悉對方的真實意圖，體察到對方的強勢弱勢，才能真正掌握主動權；同樣，只有真正了解自己的情況，檢討自己的情況，對自己的優勢和劣勢瞭如指掌，方可能揚長避短發揮自己的最佳優勢。

在漆黑的夜晚，有個瞎子提著燈籠在緩緩前行，對面來人見他是個瞎子，不解地問他：「你是個瞎子，提個燈籠又能起什麼作用呢？」

瞎子不慌不忙地回答：「因為我打了燈籠，所以在夜晚你才能看到我，而不至於把我撞倒。」

對瞎子來說，在漆黑的道路上行走，自己跌倒的可能性遠小於被行人撞倒的可能性。那些習慣於靠眼睛走路的人對黑暗的熟悉度，遠不及永遠眼前漆黑的瞎子。

於是，瞎子亮起了燈籠，這光亮不是照向路面，而是照向自己，以便讓每個相遇者都可以看清瞎子，及早避讓，從而使瞎子順利地行走。

一般的戰略習性是「知彼」，對於「知己」反而不太注意，而實際上洞悉自己也是同樣的重要的戰略！

9 競合規則，創造雙贏。

競合規則是指企業之間的相互合作，資源分享，相互促進。不是你輸我贏的惡性競爭關係。「競合」作為競爭合作的高級階段，以雙贏為出發點，從而得到雙方共榮共生的結局，這就是猶太人的高妙之處。

從前，有兩個饑餓的人遇到了一位長者，長者給予他們這樣的恩賜：一根魚竿和一簍鮮活碩大的魚，任選其一。

一個人要了那簍魚，另一個人要了那根魚竿，於是他們分道揚鑣了。得到魚的人馬上就在原地用乾柴搭起篝火煮起了魚，他狼吞虎咽，還沒有品出鮮魚的肉香就把魚吃完了，接著把湯也喝了個精光。不久，他便餓死在空空的魚簍旁。

另一個人則繼續忍饑挨餓，他提著魚竿一步步艱難地向海邊走去，可當他看到不遠處那片蔚藍色的海洋時，他渾身的最後一點力氣也使完了，只能眼巴巴地帶著無盡的遺憾撒手人寰。

後來，又有兩個饑餓的人，他們同樣得到了長者恩賜的一根魚竿和一簍魚。只是他們並沒有像前兩個人那樣各奔東西，而是商定共同去找尋大海。他倆每次只煮一條魚，經過遙遠的跋涉，終於來到了海邊。從此，兩人開始了合作捕魚為生的日子。幾年後，他們都過上了幸福安康的生活。

商業合作必須有三大前提：（一）是雙方必須有可以合作的利益；（二）是必須有可以合作的意願；（三）是雙方必須有共享共榮的打算。此三者缺一不可。與對手合作，改善了「同行是冤家」的局面，使企業獲得更多的發展機會，並能夠在合作中增強自身的實力，提升自己的地位的，因此是一種在競爭中爭取主動權積極做法。

10 商人的天職，就是要不斷追求金錢。

猶太人是守規矩的商人，但他們總能在不改變規則形式的前提下，靈活地變通規則，改變思維方式。

石油大王洛克菲勒是一個典型的猶太商人。他經商的故事可謂是經典。

十九世紀初的時候，一對德國兄弟無意中發現了一片含鐵豐富的礦區。他們用自己攢的錢祕密地買下了那片土地。洛克菲勒後來也知道了那個地方，但是他晚了一步，只好暫時放棄。

後來的經濟危機使德國兩兄弟陷入了窘境。缺錢成了他們最大的障礙。他們整天愁眉不展，思考著解決之道。

一天，兄弟倆看到了一位令人尊敬的本地牧師，聊天中，他們提到了自己的困境。牧師熱情地說：「為什麼不早點說呢？我有個朋友非常富有，我可以讓他幫助你們呀！」

兄弟倆喜出望外，認為天上掉下了個大餡餅。第二天他們就從牧師那裏得到了50萬的貸款，而且利息還比銀行低了2釐。他們還和牧師簽了一個借據：「今有梅特里兄弟借到考爾貸款50萬元整，利息3釐，空口無憑，特立此據為證。」

第二天梅特里兄弟就把錢投進了礦山開採，可是他們萬萬沒有想到，一個星期後，牧師就找上門來索要貸款了。

牧師說：「我的那個朋友是洛克菲勒，今天早上他來了一封電報，要求馬上索回那筆借款。」

梅特里兄弟早已把錢用在了礦上，一時間毫無還債的能力，於是被洛克菲勒無可奈何地送上了法庭。

在法庭上，洛克菲勒的律師說：「借據上寫得非常清楚，被告借的是考爾貸款。在這裏我有又要說明一下考爾貸款的性質，考爾貸款是一種貸款人隨時可以索回的貸款，所以它的利息低於一般貸款利息。按照美國的法律，對這種貸款，一旦貸款人要求還款，借款人要麼立即還款，要麼宣布破產，二者必居其一。」於是，梅特里兄弟只好選擇宣布破產，將礦產賣給洛克菲勒，作價52萬元。洛克菲勒得到了他夢想的礦山。

你或許會說洛克菲勒不守商業規則。但是在猶太人看來，商場沒有所謂的規則，只有計策。只要能賺到錢，你就要絞盡腦汁，想盡各種辦法去做。猶太商人這種對待精明的坦然心態，是作為一種傳統代代相傳，在早期教育中就自覺培養的。戰場上將軍靠戰術勝敵人，商場上商人靠計策謀生。只要不違反法律，所有的計策都是被允許的，都是正當的。

11 契約就是與神的約定，誰都不能輕易地毀約。

一個猶太商人與出口商簽訂了一份合約，合約是這樣寫的：甲方（出口商）給乙方（猶太人）供應一萬箱堅果罐頭，每箱25罐，每罐200克。貨到後驗收無誤，乙方付給甲方1萬美元。如有差錯，由甲方承擔一切後果。

出口商在出貨時，由於工人的疏忽，把一萬箱250克的堅果罐頭千里迢迢地運到了猶太人那裏。等到猶太人收貨的時候，發現貨物的重量比合同多了，於是猶太商人拒絕收貨。

出口商無可奈何，只好忍痛同意超出的部分不收錢，只要求猶太商人按原價付款即可。但是猶太人不同意，並堅持要求索賠。出口商百般無奈，只好賠償了猶太人全部損失。

這個猶太人似乎太不通情理，但是他並沒有錯，他只不過完全履行了他的合約。做生意的時候，應該分釐必賺，絲毫不讓。但在合約面前，縱然吃虧也絕對要遵守合約。這是猶太人經商的一貫規定也是猶太人經商的精髓。

有一個聰明的猶太人，當人們遇到難以解決的問題時都去向他請教，他總是能想出辦法來解決，大家都尊稱他為「智者」。

冬天到來的時候，一個貧窮的猶太教區的主管找到了智者，請求他為這個社區搞一些煤過冬。智者馬上就拿起筆來給一位有錢的煤商寫信，以慈善為由讓他贈送幾車皮煤來。

商人回信說：「我們不會給你們白送東西。不過我們可以半價賣給你們50車皮煤。」

智者表示同意先要25車皮煤。交貨三個月後，煤商寄出一封措詞強硬的催款書，沒幾天，他收到了智者的回信：「……您的催款書我們無法理解，您答應賣給我們50車皮煤減掉一半的價錢，25車皮煤正好等於您減去的價錢。這25車皮煤我們要了，剩下那25車皮煤我們不要了。」

煤商憤怒不已，但又無可奈何。他在高呼上當的同時，卻又不得不佩服智者的聰明。在這其中，智者既沒耍無賴，又沒搞騙術，他僅僅利用這個口頭協定的不確定性，就氣定神閑地坐在家裏等人「送」來了25車皮煤。

合約一旦簽訂就不能改變，雙方必須嚴格遵守。自己和對方都一樣，不容許對合約不嚴謹和寬容。在猶太人看來，違反合約在任何時候都是不允許的。一旦對方違反了合約，就要毫不留情地提出索賠要求。這被認為是對違反合約一方的懲罰。

12 做生意要看準——「女人」和「嘴巴」。

在猶太人看來，不管過去，現在還是將來，女人和嘴巴都是最賺錢的財源。

猶太的祖先有一天在睡覺的時候夢見上帝來到了他的床邊，對他說：「猶太人，我給了你們智慧，可是你們卻不知道怎樣來使用智慧，所以你們到現在還是那麼貧窮。現在我要告訴你們賺錢的智慧，只要有了錢，你們就不用再過這樣淒慘的日子了。」說完，上帝就消失了。

猶太人醒來之後，發現床前的鏡子上畫了一個女人和一張嘴巴。

他百思不得其解，就把全族的人都叫來，大家共同討論。最後，大家一致認為，上帝的意思是讓猶太人從「女人」和「嘴巴」上賺錢。

從此以後，猶太人就把「女人」和「嘴巴」看作是上帝指給他們的財源。

當然，這只是一個傳說，猶太人做生意之所以能夠發財，很大程度上就是依靠「女人」和「嘴巴」這兩個生意。在世界範圍內，資產的分布並不是平均的，大部分財富掌握在少數人的手中。設想，一般大眾的財富持有量為22%，少數富有者的財富持有量為78%。這就要求商人找準市場，把投資目標放在這少數富有者的身上，那麼你的利潤也介入了這78%的財富之中。

女人願意購買無數的衣服、化妝品和奢侈品。昂貴的鑽石、項鏈、戒指、香水、手提包等她們也毫不吝嗇。你可以從豪華商店乃至普通百貨公司所展賣的各種商品中看出來，在他們的所有商品中，女性使用的商品佔據了絕大的多數。

只要看準這個財源，你就能獲得比別人更大的利潤。此外，經營女性用品雖然利潤豐厚，但是女性的興趣愛好容易隨潮流、時尚、市場行情而變化，沒有超常的智慧是難以達到贏利的目的的，並且，這一行業競爭激烈，要想在這一行業立足並不是一件容易的事，你要學會標新立異。

「嘴巴」也是一個重要的財源。它永遠是個「無底洞」，全球五十多億的「無底洞」是一個巨大的潛在市場。無論任何時候，只要這個世界上還有人，你就永遠不會沒有錢賺。

13 活用數字遊戲，就能馬上抓住成本。

活用數字的意思是說，經營者要重視對各種數量關係的分析，以便在數量計算中尋求有效的對策和方法，克敵制勝。

以下故事中的猶太人就是善於做數字上的分析，巧於心算。不管他能否得到這個工作，起碼他的思維是敏捷的，讓人在荒誕中欽佩他精於算計。

在一家汽車製造廠，三名應聘者接受面試者的提問。面試人員問應徵人員：「你們的任務是公司的試車人員，這項工作是為檢測新車性能，是具有一定危險性質的，你們在什麼待遇的情形下，才肯加入我們的公司？」

「給我三千美元，我就幹。」德國應徵者說：「一千美元留著自己用，一千美元給我妻子，還有一千美元用做購房基金。」

接下來法國應徵者說：「給我四千美元。一千美元歸我自己，一千美元給我妻子，一千美元歸還購房的貸款，還有一千美元給我的情人。」

最後以色列的猶太人應徵者則說：「五千美元我才幹。一千美元給你，一千美元歸我，剩下的三千美元給那位德國人，作為他當試車員的工資！」

綜觀各種經營活動，總是要表現為各種數量關係的。就以服裝加工生產為例，必須把一系列的數量關係搞清楚：做成各種規格的服裝各需用多少尺寸的布料及有關輔料，每位工人或每台縫紉機的一個工作日生產多少套服裝，相關的包裝費和管理費分攤後每套服裝占多少，總成本為多少，資金收期多長，如此等等。工廠的決策者只有把這些「數」算得清清楚楚，才能合理地確定每種服裝的價格，才能如期地實現自己的經營目標，實現賺錢之道。

一切貿易活動離不開精確的數量計算，滿足於「估計」、「大概」、「差不多」，很容易產生偏誤，甚至會成為一筆糊塗賬，導致經營的徹底失敗。因此，學會數量的計算，掌握心算的技巧，才能在商業談判中有理有據地與對方進行討價還價，以確保自己的利益期望值。

14 金錢不看你的出身，只看你的努力夠不夠！

誰都知道兔子是腳步很快的飛毛腿，再怎麼樣烏龜都不可能是牠的對手。因此兔子非常輕敵，想要一耍烏龜，便說：「睡一覺再說吧！」就在路旁的樹下睡著了。牠想：睡一覺起來，還是可以趕上烏龜的。不料兔子睡熟了，卻被烏龜慢慢地拋在後面，最後竟然輸了！

這個古老的故事告訴我們，要自立開業，只要抱著盡人事、聽天命的哲理，全力以赴就夠了。做生意不能像兔子一樣，只想賺大錢，看到小錢就不想賺，睡大覺去了。如此這樣，能力再怎麼強都不可能成功的。

兔子因為沒把烏龜當對手所以才會輕敵去睡大覺，如果把烏龜當作對手，比賽就會全力以赴，不是早就刷新紀錄了？屆時再來睡大覺也不遲呀！有兔子的能力，如果再加上烏龜的敬業精神，相信無論做什麼生意都可以創造新紀錄的。

一位猶太商人還沒有成功之前，在一次宴會上與一名富家子弟同桌進餐。這位富家子弟看到猶太商人窮酸的打扮，嘲諷地說：「看得出來，你的衣服是上個世紀的流行服飾。」

商人瞥了他一眼，風趣地說：「自然，我的服飾是過時的，但我卻不需要用父母的金錢來裝扮自己，因為我的錢袋有永久的進賬。」

「永久的進賬？」貴族子弟不解，他好奇地問：「是從哪兒來的？」

商人回答：「金錢來的時候不看你的出身，只看你的努力夠不夠啊！」

因此，猶太人在賺錢的時候，不會覺得錢是低賤或高貴的，他們不會因為自己目前所從事的職業不好而感到自愧不如，他們在從事所謂的低賤的職業的時候，心態也表現得十分平和。既然做生意了，不管店面多小，都是生意，不要自卑，只要抱著一心一意為顧客服務的精神，必定可以贏得顧客的歡心，生意蒸蒸日上。

15 從細微之處，看到未來的前景。

一名美國遊客在泰國曼谷度假。清晨，酒店一開門，一名漂亮的泰國小姐微笑著和他打招呼：「早上好，傑克先生。」

這名美國遊客非常驚訝，沒有料到這名旅館的樓層服務員竟然知道自己的名字。服務員解釋說：「傑克先生，我們每一層的當班小姐都要記住每一個房間客人的名字。」美國客人一聽，非常高興。

在服務員的帶領下，這位美國客人來到了餐廳就餐，服務人員上菜時，都尊敬地稱呼他傑克先生。這時上來了一盤點心，點心的樣子很奇怪，美國人就問站在旁邊的服務員：「中間這個綠色的是什麼？」

那個服務員看了一下，後退一步並做了解釋。當美國客人又提問時，她上前又看了一眼，又後退一步才做回答。原來這個後退一步就是為了防止她的口水會濺到食物上面，美國客人對這種細緻的服務感到非常的滿意。

這位美國遊客退房準備離開酒店時，酒店服務員把收據摺好放在信封裏，還給這位客人的時候說：「謝謝你，傑克先生，真希望第六次再看到你。」希望第六次再看到，原來那次是這位美國客人第五次去泰國曼谷。

過了很久，有一天這個美國人收到一張卡片，發現是泰國曼谷酒店寄來的，上面寫著：「親愛的傑克先生，公司全體上下都很想念你，下次經過泰國一定要來看看我們。」下面寫的是：「祝你生日快樂。」原來這一天是美國人的生日。

這種細緻入微的優質服務無疑贏得了美國顧客的心。不要忽略每一個細節，也許，影響全局的就是這一細微之處，就像醫生對病人的器官一樣，每一個最細微的地方都瞭如指掌。做好細節的量化工作，才能保證質量。

16 養成每天記賬的習慣，才知道你的錢跑去哪裡。

洛克菲勒的老搭擋克拉克這樣說他：「他做事有條不紊和細心認真到了極點，如果有一分錢是該歸我們的，他就要拿回來；如果少給客戶一分錢，他也要客戶拿走。」

洛克菲勒對數字有著極強的敏感，他常常在算賬，以免錢從指縫中悄悄溜走。他曾給西部一個煉油廠的經理寫過一封信，嚴厲質問：「為什麼你們提煉一加侖油要花1分8釐2毫，而另一個煉油廠卻只需9釐？還有，上一個月你廠報告有1119個塞子，本月初送給你廠10000個。本月份你廠用去9537個，卻報告現存1012個。其他570個塞子哪去了？」

這樣的信，據說洛克菲勒寫過上千封。他就是這樣從書面數字：精確到毫、釐、個，分析出公司的生產經營情況和弊端所在，從而有效地經營著他的石油帝國，洛克菲勒這種嚴謹認真的工作作風是在年輕時養成的。

他十六歲時初涉商海，是在一家商行當記簿員。他說：「我從十六歲開始到社會上工作就開始記收入支出賬，記了一輩子。這是一個能知道自己是怎樣用掉錢的惟一辦法，也是一個人能事先計劃怎樣用錢的最有效的途徑。如果不這樣做，錢多半會從你的指縫中溜走。」

由這位石油大亨的平時做事的嚴謹態度來看：有條不紊和細心認真是幹大事業者必備的素質。

綜觀強勢企業，都是在細節的比拼上下過很大工夫的。企業靠戰略就能掙大錢的想法是極其幼稚的，正是不注意細節的大企業病拖垮了許多大企業，諸如浪費巨大而熟視無睹，人浮於事相互推諉，對市場信息不敏感，內部各部門之間溝通障礙，員工創新動力不足等，每一個問題都會在細節上找到緣由。所以說，只有做好每一個細節，方能達到「舉重若輕」的曼妙境界。

17 生意是長長遠遠的，必須堅持自己的底線。

猶太商人認為經商不但要有領先佔領市場的野心，也要有退而求其次的戰術。有這樣一個故事，就是這一經商智慧的最好闡釋——

美國亨利食品加工工業公司總經理亨利．霍金斯從化驗鑒定報告單上發現，他們生產的食品配方中起保鮮作用的添加劑有毒，雖然不大，但經常食用對身體有害。如果公布於眾，會引起同行強烈反對。如果刪除添加劑，則會影響食品保存期。

霍金斯思量再三，還是毅然宣布：本公司產品即日起不添加防腐劑。

於是，所有從事食品加工的大老闆聯合起來抵制亨利公司產品（因為保存期限被縮短了），致使亨利公司一度瀕臨倒閉的邊緣。

爭論持續了四年，霍金斯雖近於傾家蕩產，聲名卻家喻戶曉，在得到政府的有力支援後，霍金斯的產品成了人們放心的熱門貨。

在很短的時間裏，霍金斯恢復了元氣，規模擴大了兩倍。從此，霍金斯一舉登上了美國食品加工工業的第一把交椅。

亨利食品加工工業公司可謂是善攻善守，面對眾多同行的排擠與反對，亨利・霍金斯以守為主，沒有進行反擊，但是卻堅持自己的底線，沒有放棄對食品添加劑反對的呼聲。同時亨利・霍金斯的做法也是以退為進，他的低調做法贏得了群眾的信任，堅持公開防腐劑有害的做法獲得了政府的支援。

這種做法抓住時機，巧妙地把守轉變為攻，最終，亨利・霍金斯終於成了美國食品加工業的最大贏家，可謂是善守善攻的典範。

運用善攻善守的攻心謀略時，攻要善於選擇進攻方向、進攻時機、進攻策略。守要善於掌握防守的時間、地點、方法。

當然，不管是攻還是守，總要有一定的實力做後盾。沒有一定的實力後盾，攻守就很難有方了。

18 只要懂得策動人心，就能掌握消費者的購買慾。

「策動人心」是猶太商人銷售策略中的一大類，暗示的最大好處是：暗示者什麼也不需要允諾，而受暗示者就會自己給自己做出種種「投己所好」的允諾。既然是他自己的允諾，事後就只能怪他自己，而絲毫牽涉不到暗示者。

窮售貨員費爾南多在星期五傍晚抵達一座小鎮。他沒錢買飯吃，更住不起旅館，只好到猶太教會找執事，請他介紹一個能提供安息日食宿的家庭。

執事打開記事本，查了一下，對他說：「這個星期五，經過本鎮的窮人特別多，每家都安排了客人，只有開金銀珠寶店的西梅爾家例外，因為他一向不肯收留客人。」

「他會接納我的。」費爾南多十分自信地說，轉身來到西梅爾家門前。等西梅爾一開門，費爾南多神祕兮兮地把他拉到一旁，從大衣口袋裏取出一個磚頭大小的沈甸甸的小包，小聲說：「磚頭大小的黃金能賣多少錢呀？」

珠寶店老闆眼睛一亮，可是，這時已經到了安息日，不能再談生意了。但老闆又捨不得讓這上門的大交易落入別人的手中，便急忙挽留費爾南多在他家住宿，到明天日落之後再談。

於是，在整個安息日，費爾南多受到了相當盛情的款待。到星期六夜晚可做生意時，西梅爾滿面笑容地催促費爾南多把「貨」拿出來看看。

「我哪有什麼金子？」費爾南多故作驚訝地說：「我不過想知道一下，磚頭大小的黃金，到底會值多少錢而已！」

•

窮售貨員費爾南多在不能談生意的安息日，問了一個似乎是談生意的問題；而到可以談生意的日子，這個似乎是談生意的問題，又成了一個純粹不是談生意的問題。由於售貨員從頭就沒有明確他是否在談生意，對他所提的問題的理解完全取決於珠寶店老闆個人的界定，售貨員只不過為老闆的「想像」提供了若干「參照情境」，諸如神祕兮兮的舉止，還有那塊「磚頭」似的東西，而所有這些參照物同樣也是缺乏明確界定的。故此，最後只能怪珠寶店老闆賺錢心切，一廂情願地把別人「隨便問問」當作了商業談判的引子。

在實際生活中，售貨員本是商業活動中最純粹的「仲介人」，他甚至連商店老闆需要承擔的售後責任也不用承擔，只管把手頭的貨物轉移到顧客手裏就行了，因此，他們才練出如此熟練的「策動人心」的技巧。

Lesson 06

學習的智慧

停止學習，就是學了二十年的東西，

也會在兩年內忘掉！

1 擁有知識的人，就會擁有一切。

猶太民族之所以耀眼於世界各個領域，不管是科技界、思想界、文化界、政界還是商業的領域上，都有猶太人的智慧在閃光。這一切主要即是源於他們宗教般虔誠的求知精神。

有一個男孩對學習毫無興趣，他的父親最後不得不放棄努力，而只教他《托拉》法典一書。後來，凱撒率領大軍攻打他們居住的城市，俘虜了這個男孩，並且囚禁了他。

凱撒占領了這個城市之後，有一天他視察了男孩被囚的監獄。凱撒要求看一看監獄中的藏書，發現了一本書，上面都是陌生的文字。

「這可能是一本猶太人的書，」他說：「這裏有人會讀這本書嗎？」

「有，」監獄官答道：「我這就帶他來見您。」

監獄官把男孩找來，說：「如果你不會讀這本書，國王就會要你的腦袋。」

「我父親只教過我讀這一本書。」男孩答道。

監獄官把男孩帶到了凱撒面前。

凱撒皇帝把書擺到男孩面前，男孩就開始讀，從「起初，上帝創造天地……」一直讀到，「這就是天國的歷史。」

凱撒聽著男孩讀完之後，說道：「這顯然是賜福的上帝向我打開祂的世界，我要把這孩子送回到他父親的身邊。」

於是，凱撒送給男孩一些金銀，並派兩名士兵把男孩護送到他父親身邊。

正是知識讓這個小男孩重新獲得了自由的生命。

在這個世界上沒有人是貧窮的，除非他沒有知識。擁有知識的人，就能擁有一切。一個人一旦擁有知識，那他還能缺什麼呢？如果一個人不去學習並且不擁有知識，那他還能擁有什麼呢？

偉大人物成功的原因，最主要的是他們具有卓爾不群的文化素養和精神底蘊。而其根基是尊重知識，渴望學習，重視教育，崇尚求知。

今天社會已容不下濫竽充數的人，現在是一個範式轉移的關鍵時刻，知識就是人最核心的價值。對這個世界的認知，要有多層次的視野、慎思明辨、客觀論證及邏輯思維，這是現實生活可依賴的成功方程式。

2 沒有不合格的學生，只有不合格的老師。

猶太人很講究教育的藝術，認為每個孩子都是天才。他們有句非常至理的名言：「要按孩子走的路，來充分訓練他。」

猶太人認為，一個孩子在學習《聖經》上有進步，而在《塔木德》上沒有進步，那麼就不能試圖通過教他《塔木德》來推動他進步。如果他看得懂《塔木德》，就不要逼他學《聖經》。要在他知道的事情上訓練他。

在學習過程中，老師要對粗心大意的學生斥責，鞭策他們；對認真的學生要給予表揚，激勵他們。這些都是老師應盡的責任。

有一次，約書亞從亞歷山大到耶路撒冷，路上經過一個小酒店，酒店的主人對他異常尊重。

「這個 aksania 可真漂亮啊！」他說。aksania 的意思可以指「小酒店」，也可以指酒店的老闆。但這時約書亞的意思是在誇讚這家酒店的格調。

「我的主人，她的眼睛太小了。」他的學生說道，他指的是酒店內的那位老闆娘。

「缺德的傢伙！」約書亞叫道。

「這就是你滿腦袋所想的嗎？」於是，約書亞吹起了牛角，將學生逐出門牆。牛角是在將學生逐出門牆的儀式上吹的。

可憐的學生多次找了老師，他請求道：「老師，請收留我吧！」但約書亞還是拒絕見他。

一天，約書亞在祈禱時這個學生又來了，拉比這次動了惻隱之心，想再將這個學生納入門牆。於是，他向這個學生打了個手勢，讓他等到他祈禱完畢。

但這個可憐的學生以為又被老師拒絕了，於是，他黯然地離開了，轉而崇拜起月神來了。

這個故事說明，這是老師的失敗，約書亞是不合格的老師。在教育孩子時，拉比們認為，如果老師教的課學生不理解，那麼，老師不應該大發脾氣，而應該反覆地講解課程，直到學生們完全理解並能夠掌握為止。老師不應強行給孩子們上重輒，因為指令只有在輕鬆愉悅地傳達時才有效率。

每個孩子身上都蘊藏著巨大的、不可估量的潛力，教育就是要激發這種潛能，教師的責任和義務也在於此。

3 懷疑是學習的動力，想超越自己，需要不斷的懷疑。

《塔木德》說：「好的問題，常會引出好的答案。」

可見，好的發問和好的答案同樣重要。沒有好奇心的人，就不會發生懷疑。然而，思考正是由懷疑和答案共同組成的。智者其實就是知道如何懷疑的人。

日本的小澤征爾是世界著名交響樂指揮家，在他還沒有成名之前，他去參加一個考試。

在那次考試中，評委們給了他一個他從來都沒有指揮過的曲子，於是他就指揮樂隊開始演奏。

演奏的時候，他發現有一個地方稍微有一些不和諧，於是他停了下來，指揮樂隊重新開始，可還是不對，他又試了一次，結果還是一樣。於是他向評委會詢問曲子的正確性，但是評委會成員看後一致認為曲子完全正確，一定是他的錯覺。

面對著一批音樂大師和權威人士，他思考了一會兒，突然大吼一聲：「不，一定是樂譜錯了！」

話音剛落，評委們立刻報以熱烈的掌聲。

原來，這是評委們精心設計的圈套，以此來檢驗指揮者是否會在遭到權威人士「否定」的情況下，堅定不移地堅持自己的正確判斷。

在小澤征爾之前，已經有兩個人被淘汰了。他們也發現了這個錯誤，但是沒有堅持下去。在這次指揮大賽中，小澤征爾成為了惟一的勝利者。

正如故事中的小澤征爾一樣，一個人的知識越多，懂得越多，就越會發生懷疑，就越覺得自己無知。而懷疑正是學習的鑰匙，能開啟智慧的大門。求知的欲望正是不懈學習、探求的動力，而懷疑讓自己不斷進步。

敢於懷疑才能獨樹一幟，才能有創新，才敢於大膽地超越。不光是藝術家小澤征爾這樣做，凡是做研究工作的人都應該有這種素質，而不是一味地循規蹈矩。一般的學習只是一味模仿，而沒有任何的創新。實際上，學習應該是懷疑、思考、提高知識性能力的過程。

不能為了學習而學習。學習是讓自己豐富，更讓自己變得靈活、機智、善於洞見。在這個世界上，相同的事情絕對不會重複出現。因此，當面臨一種新的狀況時，誰也不能把以前所學的東西，原封不動地運用上去，而要在懷疑論的基礎上對知識靈活運用。

4 人們不能只會學習知識，重要的是要將知識活化為智慧。

知識可以轉化為財富，但需要有將知識轉化為財富的能力。當然，知識本身就是一筆大財富，但猶太人看重的是將知識如何化為實實在在的物質財富，也就是將知識轉化活化為智慧。因為智慧是打開幸福和財富之門的金鑰匙。

猶太母親常會問孩子這樣的一個問題：

「假如有一天，你的房子被燒毀，你的財產被人搶光了，你將帶著什麼東西逃跑呢？」母親對著自己的小孩提出了這個問題。

「錢！」孩子回答說。

母親搖搖頭。

「食物？」孩子歪著頭說道。

母親再搖搖頭。

「有一種沒有形狀、沒有顏色、沒有氣味的東西，你知道那是什麼嗎？」

母親給予如此的提示。

「鑽石嗎？」

小孩左想右想，卻找不到答案。

母親笑了，接下去說：「孩子，你要帶走的東西不是錢、不是食物、也不是鑽石，而是智慧。智慧是任何人都搶不走的，只要你還活著，智慧就永遠跟隨著你，無論逃到什麼地方，你都不會失去它。」

許多猶太母親都這樣教育自己的孩子。所以，關於智慧的觀念從小就已經深深紮根在猶太人的心中了。

有人誤解猶太人是賺錢的機器，其實猶太人在教育下一代注重的是知識與智慧。他們從來也沒有教孩子如何如何地成功與賺大錢。

假如只是蒐集很多知識而不消化，就等於徒然堆積許多書本而不用，同樣是一種浪費。而學習正是為了鍾煉知性，使知性更加敏銳。敏銳的知性可以抓住瞬間的機會，預見未來的趨勢，洞悉細微處的微妙變化，把握宏觀而抽象無形的東西。學習的目的便是培養這種敏銳的洞察力。

智者遠比國王偉大，智者才是人們尊敬的中心。因為智者若死了，世上再也沒有大智慧；而國王死了，任何一個智者的弟子都可以勝任。

這就是猶太人對智慧的推崇，因為智慧勝過一切。

5 人可以通過學習保持「青春」，人可以通過學習獲得「財富」。

如果猶太人聽到有人說：「啊！我太窮了，我每天必須為了三餐而奔波，哪有什麼時間去學習。」

那麼，猶太人會問：「你比希萊爾還窮嗎？」

希萊爾拉比以前很貧窮，他用收入的一半支付給學院的門衛，而用剩下的一半來使自己和家人過活。

一天，在安息日前夜，他沒有掙到錢，於是，學院的門衛就不讓他進去。在學習知識的欲望驅使下，他爬到教室的房頂，把頭緊緊貼在冰冷的屋頂上，透過玻璃屏息傾聽智者施瑪和阿弗塔揚講課。在他趴在房頂上的時候，大雪飛揚，不一會兒，就將他覆蓋起來，但他聽得非常入迷，整夜沒有挪動位置。

第二天清晨，施瑪對阿弗塔揚說：「兄弟，這間屋子每天都很亮，但今天卻有些暗，外面是不是陰天了？」

他們抬頭向上看，發現屋頂有一個人形的物體，於是，他們爬到房頂，發現了被大雪覆蓋幾乎凍死的希萊爾。他們把他背下來，給他洗澡並塗油，然後把他放到了火爐旁邊。

兩位智者說：「這個人褻瀆安息日的行為是值得我們尊敬的。」

這個故事告訴人們，受教育不只是成年生活的準備，而是一個從生到死的成長與發展的連續過程。不管一個人到了多大歲數，也不論他的環境有多麼貧窮，都應該學習。因此，猶太人認為人們可以通過學習保持「青春」，保持年輕人的心態，還可以通過學習而獲得「財富」。

誰能說得清等待我們去開掘的知識與學問，是存在於怎樣的王國之中？不論我們走到哪裡，不論我們做什麼事，都可以學到能夠豐富我們人生的各種知識。

6 學習經過吸收之後，要消化成為有用之物。

猶太人蔑視不講求方法的學習，他們認為學習應該是懷疑、思考、提高知性能力的過程。一定要選擇適合自己的方法，才能有所成就。

有一隻山羊在河邊喝水，發現河水中的魚兒不停地游來游去，十分恐慌。山羊奇怪地問：「魚兒，你為何這麼驚慌？」

魚兒回答：「因為我們生活在恐慌之中，我們隨時有可能被漁網網住。」

善良的山羊於是不假思索地回答：「那你上岸吧，我來保護你。」

魚兒悲涼地說：「你只知道上岸後我不會被網住，但是你不知道我上岸後，會因為不適應陸地環境馬上窒息而死。」

故事中的山羊是好意，但是因為沒有正確的方法，不僅無法幫助魚兒避免被漁網網住，反而會使魚兒丟掉性命。

學問不是簡單的學習，而是以本身所學為基礎，自行再創造出新東西的一種過程；學習的目的就在於此。

在學習中，有四種類型的學生，分別是：海綿、漏斗、篩檢程序、篩子。海綿把一切都吸收了；漏斗是左耳朵進右耳朵出；篩檢程序把美酒濾過，而留下渣滓；篩子把糠秕留在外面，而留下優質麵粉。

學習知識，應該去做篩子一樣的人。

學習方法因人而異，你必須選擇一套適合自己的學習方法。而正確的方法卻不是每個人都能摸索出來的。要不斷地自我反省，修正方法。學習方法不僅是成績好壞的最關鍵因素，同時也是人類征服未知的工具。

因此，學習不是僵硬刻板的制式模樣，學習必須經過咀嚼吸收之後，活化成為有用之物。

7 學問不是自己做來的，學問是向別人請教來的。

虛心向別人請教是猶太人的智慧之舉。任何時候都不要認為自己比別人強，即使是至高無上的國王，也需要向大臣們請教。有時候小孩子比博學之士，還能告訴你更多的東西。

人的品德就如同一個器皿，器皿是空的才能裝進東西，滿了就裝不進東西了。所以，一個人應當經常地保持虛心和恭敬，不要以自己有超群之才，而凌駕於別人之上。要處處看到別人的優點，而時時看到自己的不足。這樣才能集眾家之所長，為我所用，來增長自身的智慧。

有一天，一位學生向一位學識淵博的學者求教。

學生問：「老師，你曾經說過，到處都有學問，那麼學問這種東西是否就像馬路上的小石子，那麼平常，那麼多呢？」

「正是如此。」學者回答：「所以，每一個人都可以撿到學問。」

「那大家為什麼不去撿呢？」學生繼續問。

這時，學者回答：「人要撿拾像小石子那麼多、那麼小的東西時，必定要彎腰，但人是很難於彎腰的。」

這故事說明，當你遇到不懂的事情，要毫不猶豫地向別人請教，你將會從別人那裏獲得智慧。同時，你要想到這些箴言，它將最有效地指導你的行動。

8 書本何止是益友？書本就是人生的導師。

一位猶太母親，當她看到女兒讀書用指甲抓書頁時，非常生氣，於是認真地傳授了她愛護書籍的經驗與方法：首先，讀書前，先要把書桌擦乾淨，墊上桌布；讀書時，要坐得端端正正；翻書頁時，要先用右手拇指的側面把書頁的邊緣托起，再用食指輕輕捏住以揭開書頁。

母親告誡女兒說：「做生意的人要多積蓄一些本錢，讀書人就應該好好愛護書籍。」最後，這位女孩成為了猶太歷史中十分著名的女學者。

在《猶太法典》中有許多關於書本的激勵良言：

一個人在旅途中，如果發覺一本故鄉人未曾見過的書，他一定會買下這本

書，帶回故鄉與鄉人共用。

生活困苦到，不得不變賣物品以度日，你應該先賣金子、房子和土地，到了最後一刻，仍不可以出售任何書本。

即使是敵人，當他向你借書的時候，你也一定要借給他，否則你將成為知識的敵人。

把書本當作你的朋友，把書架當作你的庭園。你應該為書本的美而喜悅，採其果實，摘其花朵。

此外，猶太人在讀完書之後，一定要把書放在床頭，如果隨意把書放在了床尾，則是對知識的冒犯與不敬。

這個故事表明了猶太人對書本的尊重。猶太人認為書籍是人的老師和朋友。一本書的意義是不能用書的價格來計算的。理想的書籍，是智慧的鑰匙。書籍好比食品，有些只須淺嘗，有些可以吞咽。因此，學會選擇性地去讀一本好書，就像是和許多高尚的人談話，讓你終生受益。

9 理論來自實踐，實踐重於知識。

猶太人認為，理論應該是對實際客觀規律和知識體系的集中概括，理論來源於實踐，並且隨著實踐的發展不斷豐富和完善。因此，脫離實踐的理論是無根之木，雖絢麗但存之不久；而沒有理論指導的實踐是無舵之舟，雖可浮起於水面但行之不遠。只有兩者結合，才能相得益彰。

幾個漁夫在海邊撒網捕魚，有一隻猴子站在高高的樹上，好奇地觀察著漁夫們的舉動。

後來漁夫們回家吃飯，將網留在岸邊。猴子就跳下樹走過去拿起漁網，模仿漁夫的動作掄起網往外拋，結果反而把自己罩在裏面掉進了水中。猴子一面掙扎，一面哀歎著：「我從來沒拿過漁網，怎麼可能會用它捕魚呢？真是自作自受啊！」

許多事情並非像看起來那麼簡單，漁夫撒網就是如此。看似容易，實則隱藏著豐富的方法、經驗，所以即使是聰明的猴子也不能一看就會。

學習新事物，觀察固然必不可少，然而更為關鍵的是親自體驗，從中吸取經驗和教訓，這樣才能真正掌握。切不可不懂裝懂，盲目行動，像猴子那樣，捕魚不成，反而害了自己！

10 錢財很容易流失，學問卻不會丟掉。

猶太民族非常尊敬師長。在希伯來語中，山被稱作「哈里姆」，雙親為「赫里姆」，教師為「奧里姆」。它與高山的發音非常相似。猶太人一向都認為雙親和教師都像是巍峨的高山一樣，比普通人高出許多許多。

有一艘船在海上航行，乘客皆是腰纏萬貫的大富翁，惟獨其中摻雜著一名拉比。在言談中，富翁們情不自禁地炫耀起自己的鉅額財富，互相爭執，不可開交。這時，窮困的拉比說出了自己的高見：「要論財富嗎？還是我最富有，不過現在暫時不向各位展示我的財富。」

好像冥冥之中果真有上帝的安排一樣，航行途中，一群海盜無情地襲擊了這艘船，富翁們引以自豪的財富被洗劫一空，個個都成了身無分文的窮光蛋。

海盜離去後，這艘船因為缺乏繼續航行的補給，不得不暫時停泊在這個陌生的港口。

船上的乘客都下了船，在這個陌生的地方，多出來的這段日子，他們只能依靠自己的能力，去各自謀生了。

這位拉比因為擁有知識而被人們所器重，他被當地的居民請去當了教師。在他們的眼裏，只有高尚而幸運的人才能從事這一職業。

而那些與拉比同行的富翁卻身無一技之長，只能到處打零工，艱難度日。

後來，富翁們看到拉比受人尊敬的樣子，一個個都明白當初他所說的「財富」了。他們感慨地對他說：「還是你說的對，擁有財富的人，會在一夜之間失去一切，而一個擁有學問的人，他的財富卻不會被偷走，擁有學問就等於擁有了一切。」

猶太人用這個故事留給後人一個經驗——知識奪之不走而能常懷於身行走各方，教育乃是人類最主要的資產——知識勝過錢財。所以，一直以來猶太民族都是非常崇敬師長的。

尼哈廸亞的拉比說：「如果你有一個勝任的老師，而另一個老師的能力更強，你也不能把第一個老師趕走而跟第二個老師學習，如果那樣的話，這第二個老師就會因缺乏競爭而懶惰。」但拉夫迪米卻認為：「如果第二個老師被任命的話，他會更加勤勉，因為競爭會產生力量。」

接著，拉比又進一步說道：「如果有兩個老師，一個教課快，但有錯誤；而另一個教課慢而沒有錯誤。那麼，我們任命教課快的那一個，因為錯誤隨著時間會自我修正。」但拉夫迪米不同意這種看法，他說：「我們必須任命講課雖慢卻不出錯的那一個，因為一旦錯誤紮根於學生的心田，就永遠不能根除。」

Lesson 07

談判的智慧

一位百發百中的神射手，

如果他漫無目標的亂射，

也不能成功射中一隻野兔。

1 會說話者，得天下，不會說話，處處碰壁。

猶太人認為，說話其實是場沒有硝煙的戰爭。

因此，說話的時候一定要小心謹慎，想說的每一句話，都要事先在腦子裏想好了再說出去。在社交場合或談判桌上，尤其要注意這一點。

一句得當的話，可以提升你在每一個人心中的位置，這樣，你就可以掌握先機控制談判氣氛。而一旦你說錯了一句話，那麼在重大場合，你就永遠不會有第二次說話的機會了。

猶太人善於談判，但這種技能不是天生的，這需要付出比常人更多的時間，在談判之前做好充分的準備工作。談判的祕密在於知道一切，回答一切。

二十世紀最傑出的談判專家季辛吉是猶太人，有一次陪同福特總統訪問日本，他們特意邀請了一名當地非常著名的導遊為他們做導覽。

在前往某個地方的路上，福特總統無意中問了導遊一句：「大政奉是哪一年？」導遊並不知道這一段歷史，他愣在那裏，一時說不上話來。

這時候，季辛吉在一旁說道：「一八六七年。」

福特總統感到很驚訝，心想：「連本地的導遊都不知道的事，他卻知道得那麼清楚。」於是用讚許的眼神看了看季辛吉。

季辛吉知道總統心裏在想什麼，於是說道：「其實我在來日本之前，翻閱了大量的資料。我想，我們到這裏肯定是要與他們談判的，在談判前，沒有周密的事前準備和掌握詳盡的情報責料是肯定不行的。所以，談判的時候，您完全不用擔心了，因為我已經準備好了。我從來不打無準備的仗！」

人們都說猶太人是談判專家，每一次，哪怕是很小的談判，都要事先做大量的準備，這種充分做好談判前的準備工作的方法，無論是商界還是外交界，都在普遍應用。戰爭的勝利者毫無疑問是那些做了充足準備的人。

2 與其迷路一次，不如問路十次。

在猶太人看來，談判絕不僅僅是雙方坐在談判桌前面對面地交換意見或討價還價，它更是一幕精心策劃的戲劇，沒有準備是不可能勝利的。談判是一場較量彼此勇氣的戰爭；它必定是建立在矛盾的基礎上的，雙方都要妥協才能達成一致。這就需要談判雙方的積極努力。

一位德國商人要去和猶太人談判，飛機著陸，他受到兩位專程前來迎接的猶太人彬彬有禮的接待。並把他送上一輛豪華的轎車，讓他一個人坐在寬大的後座上。德國人問：「為什麼不一起坐？」

「旅途疲勞，我們不想妨礙您的休息。」猶太人必恭必敬地回答。

德國人聽了非常高興。

在途中猶太人很客氣地問德國人說：「您預定何時回國？我們可以安排送您到機場。」

德國人高興地把回程機票掏出來讓他們看：「哦，準備逗留十四天。」

現在，猶太人已知對方的期限，德國人一下飛機就感受到對方的熱情款待，卻不知對方這幾步都是事先安排好的。

德國商人在猶太人的帶領下，每天參加各種盛大的派對。德國商人對猶太人的好感進一步加深。

德國人一直沒有機會提出談判事宜。第十二天，談判終於開始了，然而下午卻安排了高爾夫球。第十三天，談判再度開始，但為了出席盛大的歡送宴會，談判又提早結束了，晚上，德國人急了。

第十四天，正當談到關鍵時刻時，前往機場的專車卻來了，為了爭取時間，德國商人與猶太人在車上最終敲定了合約內容。

談判的結果是德國商人和猶太人簽訂了一份完全對猶太人有利的合約。

正如故事中的德國人一樣，如果你不知道對手的目的和意圖，那麼就不要和他談判，貿然行動只會讓你損失慘重。

因此，在談判的時候，自己一定要有一個明確的目標，並為實現這個目標做好周全的計畫。

在談判中，牢記自己的目標，控制自己的情緒，不要把自己的意圖暴露在別人面前，要讓自己顯得深不可測。同時，要引誘對手，用各種方式讓他暴露自己的意圖，以便你能更好地掌握談判的主動權。對手的意圖暴露得越多，你獲勝的機會也就會越大。知己知彼是勝利的根本保證。

無論在談判桌上，還是在談判桌下，都不要讓對手輕易地了解你的真實意圖。

3 不管對手如何高大，你千萬不要做心理上的矮子。

猶太人在談判中比較善於運用心理戰術，他們常常強調在談判中不要從心理上輸給對方。

談判桌上，可能你的對手非常強大，但是無論怎樣，你都不應該從心理上比對手「矮」。面對對手咄咄逼人的氣勢，即使你心存恐慌，也要在表面上保持鎮靜。你越是恐慌，對手的氣焰就會越旺。

你應該知道，不管對手多麼強大，既然他坐在了談判桌的一端，他必然有希望和你達成一致的地方。只要你還沒有鬆口，只要你還在堅持你的立場，他就還沒有勝利。

你的對手也知道，一旦談判破裂，至少他也會在某一方面損失一些東西，所以他也是輸家。

如果你處於弱勢，最重要的是不要從心理上輸給對方，而要戰勝自我，確定自己的信心，尋找對方的弱點，並盡可能地提出你的要求。要知道：「無論多麼兇猛的獅子，當你奪去牠的孩子的時候，牠都會拼命地追趕。」

你要做的就是「找到獅子的孩子」，然後一步步地把獅子引到你想讓牠到達的地方。無論多麼兇猛的獅子，當你奪去牠心愛的孩子的時候，牠都會拼命地追趕。

4 憤怒可使人發泄一時的怨氣，卻要讓人遭受一輩子的不幸。

在猶太人看來，把情緒帶到談判桌上的行為是非常愚蠢的行為。而一旦把情緒帶到談判桌上，這種情緒絕大多數表現出的是憤怒。

一八〇九年一月，拿破崙從西班牙戰事中抽出身來匆忙趕回巴黎。他的間諜證實外交大臣塔里蘭密謀反對他。一抵達巴黎，他就立刻召集所有大臣開會。他坐立不安，含沙射影地點明塔里蘭的密謀，但塔里蘭卻沒有絲毫反應。

這時候，拿破崙無法控制自己的情緒，忽然逼近塔里蘭說：「有些大臣希望我死掉！」但塔里蘭依然不動聲色，只是滿臉疑惑地看著他，拿破崙終於忍無可忍了。

他對著塔里蘭喊道：「我賞賜你無數的財富，你竟然如此傷害我。你這個忘恩負義的東西，你什麼都不是，只不過是一團狗屎。」說完他轉身離去。其他大臣面面相覷，他們從來沒有見過拿破崙如此失態。塔里蘭依然一副泰然自若的樣子，他慢慢地站起來，轉過身對其他大臣說：「真遺憾，各位紳士，如此偉大的人物竟然這樣沒禮貌。」

皇帝的失態和塔里蘭的鎮靜自若，像瘟疫一樣在人們中間傳播開來，拿破崙的威望降低了。

偉大的皇帝在壓力下失去了冷靜，人們感覺到他開始走下坡路了。如同塔里蘭事後預言的那樣：「這是結束的開端。」

故事中的拿破崙因為失態而失信於民，也失去了談話的主動權，從中可見：言語最容易使人產生憤怒的情緒。而談判是以言語為工具的，因此，把憤怒帶到談判桌上是一種經常性的行為。這一行為帶來的結果只有一個——談判破裂。這樣的結果對談判雙方都是沒有任何好處的。

因此，容易感情用事者不宜談判：（一）是情緒混亂會延緩談判的進行；（二）是會導致談判失敗；更可怕的是，感情用事往往會使人上當。

商業談判時，一定要用理智來控制感情。談判直接和你的經濟利益掛鉤，不要因為貪圖一時的痛快而使自己的經濟利益受到損失。

猶太人在談判的時候，無論前景是多麼樂觀，都會做最壞的打算，就是要有失敗的準備。這並不是消極的做法，因為談判桌上只有兩個結果——成功和失敗。如果失敗了，至少在心理上可以承受，因為這是預料之中的。否則，就會不知所措，完全陷入被動的局面，給對手擊敗自己的機會。

5 與人交談，要養成做紀錄的習慣。

蘭畢克是市內首屈一指的富翁。可是，他為人處事卻以小氣、吝嗇而遠近聞名。

有一天，蘭畢克著涼了，他拖了一陣子，以致發高燒。在嚇壞之餘跑進醫院。醫院的大門旁牆壁上寫著：初診十美元，複診五美元。

於是，蘭畢克在看醫生時就叫著：

「俺又來啦！醫生。」

蘭畢克很明顯地是想省下五美元。

醫生聽了，看了他一眼，默默不語。

醫生取出了聽診器，很慎重地為蘭畢克診察。醫生看看喉嚨深處，眼睛裡面，耳朵裡面，再針對病狀，展開必要的詢問。

待詳細診察完畢之後，醫生如此地說：

「就跟上次一模一樣啊！」

強中自有強中手，結果蘭畢克一點便宜也沒佔到。

猶太人都有一個習慣，每次抽完菸後並不把菸盒扔掉，而是把菸盒裏的錫箔紙抽出來，在背面做紀錄。

別小看這個小習慣，人常說：「好記性不如爛筆頭」。經常把一些重要的事紀錄在錫紙上，等到回家的時候再整理一下，就成了一個整齊的記事本。

一個猶太人與一個日本人談判做生意。交貨日期定好了是7月1日，日本人交貨，猶太人交錢。可是日本人沒有按時交貨，猶太人前去找他理論，日本人本想抵賴，說道：「好像談判時交貨日期定的是某月某日，先生你記得有誤吧？」

這時，猶太人從上衣兜裏掏出香菸的錫紙，然後指著上面的字說：「你記錯了！我這上面記得非常準確，就是今天！錫紙背面的紀錄就是我的原則。而且我們是有合約的，你不能按時交貨，那麼只能賠償我的損失了。」日本人無可奈何，只好賠償猶太人所有的損失。

猶太人雖然沒有從日本人那裏得到他想要的貨，但是他從日本人那裏得到了比那些貨物價值更多的賠償金額。

習慣做紀錄是猶太人的特點，這樣做有利於整理自己的思維，讓自己的思維在談判中更加嚴謹，更加有秩序，猶太人也是用這種方法做紀錄。日期、金額、交貨期限、地點，樣樣要清晰明白。談判中的這種紀錄可以成為生意交易的備忘錄。

6 與上帝談判，也要據理力爭。

在猶太歷史上，諾亞的第十代孫亞伯拉罕曾與上帝進行過一次談判。

亞伯拉罕原名亞伯蘭。亞伯拉罕是上帝為他改的名字，意思是「萬民之父」。猶太人都非常敬仰這位父親。

亞伯拉罕和上帝達成協議，每年必須祭祀上帝。祭祀是上帝和猶太人達成的契約。這時，既檢查、彙報以前的契約執行的情況，又建立新的契約。祭祀時，猶太人必須準備三歲的雄牛、雌山羊和山雞等祭品，把牠們殺死，割成兩半放好。意思是：如果上帝的臣民違背了契約，下場將和這些牛羊一樣。

有一天，上帝獲悉，有兩座大城的人民違反他的教諭，便決定毀滅這兩座城市，作為破壞契約的懲罰。

亞伯拉罕聽到這個消息，不忍心見到人民被殺、城市被毀，於是代表人民出來和上帝談判。他表現得很機智而勇敢。

他向上帝請教：「如果城裡有50名正直的人，難道也得跟著惡人一起遭到毀滅？難道上帝不願看在正直之人的份上，寬恕其他人嗎？」

上帝聽他說得有理，便做了讓步，說：「如果城中有50名正直的人，就看在他們份上，饒恕全城。」

亞伯拉罕希望大增，進一步請教：「如果僅僅缺少5人便湊足50人，是不是還得毀滅那座大城？」

上帝又做出讓步。他應允：如果城中有45個正直人，也可以饒恕全城。

亞伯拉罕仍不滿意，步步緊逼：「可是，如果只有40名正直人呢？」

上帝步步後退，也步步為營。雙方的談判繼續進行，幾經討價還價，還是爭持不下。亞伯拉罕毫不畏懼，義正辭嚴地質問上帝：「把擁有正直人的城鎮全部毀滅，合乎正義嗎？」

上帝當然不想做不合正義的事，最後他答應：「如果有 10 位正直的人，就不毀滅那城市。」

亞伯拉罕看到努力已到最大限度，雖然問題只得到數量上的解決而未達到質量上的解決，但也只能到此為止。

令人遺憾的是，從那兩座大城市，居然找不到10名正直的人。亞伯拉罕萬分悲痛地看著自己的努力和希望最終化為泡影。於是，上帝堅持契約原則，降大火和硫磺淹滅了那兩座城市。那兩座大城的名字叫所多瑪和蛾摩拉，永久埋入死海東南邊的海底。

雖然結局非常悲慘，但猶太人在談判中不管對手多麼強大，總是據理力爭的作風卻保留下來了。猶太人常常以自己握有的真理，維護自身的利益。

7 除了對等的層級職別，還要注意細節和儀表。

一位認識哲學家孟德爾松的將軍在柏林街頭喊住了他，語帶嘲諷的說：「閣下到底在『搞』什麼玩意兒啊！我真想買一些你『搞』的東西……」「我所『搞』的東西嘛……」孟德爾松看了他一眼，回答：「閣下是用不著的。因為我在『搞』的東西就是腦筋呀！」

猶太教教義中有這樣的訓誨：人在自己的故鄉所受的待遇視風度而定，在別的城市則視服飾而定。

這是說，對一個人的評價在故鄉並不受衣著的影響，因為同鄉的人了解他的言行。一旦他到了他鄉，外鄉人要評價他，就會看他的外貌特徵、衣飾裝束和言談舉止了。因此，猶太商人很注重自己的儀表和談判的細節。

正式談判時，因為場合比較莊重，穿著也要有所講究。衣服要乾淨合適，符合禮儀。儘量避免穿奇裝異服，避免在對手心中產生花里胡哨，不夠持重的感覺。

猶太商人談判時很注意對手的穿著打扮，看對方穿了什麼牌西服、什麼牌襯衣、什麼牌皮鞋，繫什麼領帶、什麼皮帶，戴的是不是寶石戒指、白金手錶，判斷對方的財力。如果你穿得很寒酸，猶太人必會對你失去信心，談都不談，很可能就直接打道回府。

所以，過於低檔的衣服，最好不要穿上談判桌。不過，過於華貴的衣服，也不可輕易穿上談判桌。不要過於虛浮和炫耀，要造成穩重且含而不露的效果。當然，也有人充分利用這一點，把自己收拾打扮得非常有派頭，口袋裡卻空空如也，然後以表面光鮮騙人錢財。這些人只能騙小錢，真的大錢，光憑穿得好，是騙不去的。

除了衣著之外，猶太商人對談判的時間、地點、出席人員的層級（職別）等細節也不忽視。因為細小的地方，有時候也會影響談判的結果。

重大談判當然在辦公室、客廳或是會議室進行，以示重視。一般談判在餐桌上進行，氣氛可能更熱烈些。談判時，總經理或董事長出不出席，效果完全不同。這些都要視具體情況而定。

8 一分準備，兩分收穫。

在社交場合或談判桌前，許多人隨機應變，口若懸河，對答如流，風度翩翩。一旦揭開了其中的祕密，就會發現，任何人都不是天才，關鍵是充分做好談判前的準備工作。

季辛吉曾說過這麼一句話：

「談判的祕密在於知道一切，回答一切。」

對這句話，他自己做了解釋：談判的取勝，祕訣在於周密的準備。在他看來，周密的準備不止於要弄清問題本身的有關內容，也包括知曉與之相關的種種微妙差異。為此，必須事先調查談判對手的心理狀態和預期目標，以正確地判斷出，運用何種方式，才能找到雙方對立中的共同點。胸有成竹地步入談判的會議室，才有成功的可能。如果事到臨頭，仍然優柔寡斷，對手就有機可乘了。

另外，一旦坐上談判桌，必須能夠立即回答對手提出的一切問題。否則，會給人權限不夠或情況不熟的印象。

季辛吉被譽為二十世紀最傑出的談判專家。談判前，他就非常注重做好周密的事前準備和掌握詳盡的情報資料。

猶太人中的談判專家，對每一次哪怕是很小的談判，都會事先做好大量的準備。這種充分做好談判前之準備工作的方式，今天不僅在商界，在外交界也得到普遍的重視。

猶太人把說話和談判稱作「沒有硝煙的戰爭」：三言兩語說得好，能贏得人心；三言兩語說不好，會招來殺身之禍——即所謂「禍從口出」。

因為猶太人說話時特別謹慎，不隨便亂說，並盡可能做好大量的準備工作，所以，他們在談判時幽默風趣、從容不迫、應對自若，能隨心所欲地控制談判桌上的氣氛。巧舌能敵百萬兵。殊不知，其背後傾注了許多心血。中共已故總理周恩來也是個外交談判的高手。每一次哪怕是很小的談判，他都會事先做好大量的準備，絕不會失之大意。

9 首先要知敵才能克敵，情報是談判的重要基礎。

季辛吉當年只是哈佛大學的教授和內閣顧問。他很想在政界闖出名堂。但顧問只是個閒職，顯然不能滿足他的願望。

機會來了。新一輪的總統競選即將開始。當時，美國正陷入越戰的泥沼。為了擺脫困境，美國政府已經與越南在巴黎進行祕密和談，談判的內容屬於高度機密。但和談對下屆總統的競選至關重要。許多人都想知道其中的祕密，總統競選者尼克森對此更是望眼欲穿。

季辛吉猜準了尼克森的心思，想到自己有個朋友正好可以獲得和談的內幕消息，他便藉此與尼克森進行了祕密接觸。

第一報：巴黎前不久發生了重大事件。季辛吉勸尼克森不要對大眾發表關於越戰的新策略。

第二報：現任總統可能於短期內下令停止轟炸北越。

第三報：巴黎方面已協議停止轟炸北越。

尼克森所覬覦而難得的情報就這樣輕而易舉地弄到手了。

憑著這些準確的情報，尼克森在大選前幾日所發表的談話沒有犯下任何錯誤。季辛吉提供情報的內容和時機，使尼克森獲得極佳的群眾反應和喝彩。

尼克森競選成功，當選總統，自然對這位猶太人青睞有如。考慮到季辛吉能力強又是親信，便委以國務卿的重任。季辛吉長久以來的目標，終於如願以償。

10 看見天很小的人確是井底之蛙，視野開闊的人當然容易成功。

你和猶太商人熟識以後，交談越多，就越能感知到猶太人學識淵博，簡直跟博士一般。即使吃飯時，他們的話語也會滔滔不絕，絕不致讓你覺得冷場。

他們的話題涉及政治、經濟、歷史、體育、娛樂、軍事、時事，古今東西，彷彿在這世界上沒有他們不知之事，沒有他們不通曉的道理。

當猶太商人向你講起大西洋海域特有魚群的名字、汽車的構造、植物的分類和品種……你會以為他們是這方面的專家，從而被他們的學識所征服。

廣博的知識對猶太商人而言，不光是用來作為談話的資料和改變談話的氣氛，更重要的是，知識可以開闊他們的視野，幫助他們從更多的角度看待事物，以便選擇解決問題的最佳途徑，利於他們決策和判斷。

從細處觀察，猶太商人一方面精於計算，另一方面又非常勤奮，時時動筆、勤作筆記。只要是他們相中的東西，他們都會一一記錄下來。

猶太商人做生意，絕不含混不清，記憶更是超準。這當然都得益於博聞強記。

11 能做到的話才說，千萬不要開空頭支票。

日本高級官員訪問美國之際，對於美日間存在的問題，總是隨口應諾：一定竭力改善。

日本人把這當成禮節性的應酬話，也就是空頭支票。但美國人很認真，因為口頭承諾也是一種契約，日後必然提出具體的要求。日本人多少有些驚訝！隨口說說而已，怎麼認真起來了！

卡特執政期間，日本曾經保證增加9.5％的國防預算，事後卻只增加7.6％，因而激怒了卡特政府。此類事層出不窮。日本人根本不懂「一言九鼎」是什麼意思。

紐約大學有意設立一所日本經濟研究中心，設立基金預定為三百萬美元，其中一五〇萬美元，打算向日本籌募，故而校長（一位猶太籍學者）親自到日本游說日本首相和金融界領袖。結果反應熱烈。

「我們認為，設立這座中心極具意義，不但可以消除貿易摩擦，促進美日間的相互了解，對日本式經營體系的研究更有必要。我們絕對盡力協助它的實現。」

這是日本方面給紐約大學校長的答覆。

這位校長早年曾經從商，身上秉承了猶太商人重信守約的傳統作風，所以他根本沒想過這是日本人的敷衍。豈料，最終日本人連一分錢也不給。

校長一怒之下，前往日本駐美大使館，強烈指責日本人出爾反爾，大違信譽之道。口口聲聲說要加強美日之間的交流，致力消除雙方的貿易摩擦等等，全是一派胡言。若無誠意，大可一開始就坦然拒絕，何必假惺惺故做姿態！

對一個國家下這樣的評語，真是太嚴厲了。

日本當初若有為難之處，可以開誠布公，予以婉拒，或者用外交辭令，說兩年後再答覆，對方自然明白其意，何必做此既害人又害己的事？

在商業談判中，「言行不一」是最大的忌諱。

不要輕易承諾。一旦承諾，就得盡力而為。一言九鼎；君子一言，駟馬難追；言必信，信必果……等等信條，都是一個優秀的商人應該牢牢記住的。

12 迂迴戰術，五里霧中，漫天要價，就地還錢。

猶太商人喜歡討價還價，在國際商業界中很有名。西方有一則笑話，說是有個總統訪問中國之後回國，在機場上，有記者問他訪問中哪件事印象最深。這總統回答說，他在市場上看見中國人和猶太人討價還價，把猶太人搞垮了。

不管中國人是否有能力在討價還價時勝過猶太人，猶太人自己在笑話中確實大大調侃了一下自己喜歡討價還價幾近於成癖的脾性。

艾布拉走進一家商店，開始殺價。明碼標價15美元的貨物被殺到10美元再殺到9.97美元。他還不滿意，希望再降到9.96美元。

售貨員有點不高興地表示：「這已經是最低限度，不能再降了。」

艾布拉卻不死心，堅持要他降到9.96美元。

這次，售貨員毫不妥協：「絕對不行，一分錢也不能再降！」

可是，艾布拉硬是不放棄。

「先生，為了區區一分錢爭個沒完，也太不上算了。實在不能再降了！況且，你歷來都是賒賬，差一分錢，又有什麼關係？」

艾布拉回答：「我之所以拼命殺價，無非是我太喜歡你們的商店了。多殺一分錢，逢到我賴賬時，你們店的損失就可以減少一分錢了。」

這哪是為了讓別人以後少心疼一點，分明是把討價還價當作一種樂趣，當作消費過程中一份必不可少的享受，即使花錢給免了，這份樂趣還是不能放棄。

喜歡討價還價是一回事，如何討價還價是另一回事。精於此道的猶太商人首先給出了一個一般原則：討價還價實質上是一個買賣雙方誰說服誰的問題。同樣一件商品，賣方總會千方百計說它好，買方則總要千方百計說它糟。

從買方的角度看，首先，買東西都要殺價，而且要殺得狠，打它個四折，絕不能心軟，或者不好意思。否則，很可能因為不夠狡猾，被狡猾之人騙了。

其次，殺價時得有理由。到處挑毛病是必要的，但這些毛病又不能是實質性或

不可彌補的毛病。

有個叫比利的猶太農夫從集貿市場上買回了一匹馬。一進屋子，他就興高采烈地對妻子說：

「今天我在街頭，從吉普賽人那裡買下一匹馬。牠值一百元，我只用五十元就買下了。」

「那太好了！五十元就買回了一匹好馬。」

「不過，也不怎麼好，因為是一匹小馬。」

「那不值五十塊錢吧？」

「不過，馬很健壯。」

「噢！小巧又強健，當然很好。」

「好什麼呀！馬是跛的。」

「什麼，跛腳馬？買這樣的馬有什麼用？」

「我已經幫牠治好了，從馬的後蹄上拔掉一根小釘子，又抹了藥，現在牠已經不跛了。」

「你的運氣真好！用五十元買了一匹好馬。」

這則小幽默雖短，僅是一對猶太夫婦的對話，卻把猶太人談判殺價的祕訣全部表現出來了。

馬小，就非得健壯不可，這樣才能拉重物；腳跛，就必須拔掉釘子才會跑。否則光圖少花幾個錢，買回來後，盡是真毛病，派不上用場，那就犯了討價的大忌。這種人生活中多的是，對討價還價過於熱心，花錢純粹是在買這種樂趣罷了。

最後，不要因討價還價太順利，樂昏了頭，心態不平衡，付錢時潛意識作主，殺下的價格在付款時又給加上了。數錯鈔票、多數一張給對方，甚至忘記找回零錢，都有可能。

同樣，從賣方的角度看，其中也有不少經驗之談。

首先，要對買方的還價做好準備。所以，先得把價格開上去，來個漫天要價，高達實際售價的兩倍。殺不到這個價格的，是我白賺；殺到這個價格以下的，一律不賣，主動權都在我手中。

其次，對於買方挑出的每個刺兒，都要給予積極的回答，使毛病不成其為毛病。所有批評都給駁回去了，說不定這個價格也就站住了。現實生活中，猶太商人確實特別善於說服。談判價格之前，他們就會預先準備好足夠的資料和數據，用以說服對手；或者進一步，提供第三者去說服他們的對手。

最後，對買方的明顯失誤，不可掉以輕心，更不可因買方的失誤弄得過於緊張，自以為得計，實際上連本都賺不回來：殺價再厲害，二十元的成交價必定還保留利潤在內，而五十元的假鈔票收進，就等於白送了。

真的吃透了這幾條討價還價的生意經，並運用自如，到一般市場上使用，就足夠了。可怕的是，猶太商人的「文以載道」遠甚於任何國家的商人，連笑一笑的空間都給排滿了商業的奧妙學問。

13 如果想要贏對方，就要站在對手的角度想問題。

激怒對手，也是猶太人很擅長的一種談判技巧。

談判時，猶太人赴約非常準時，見了面也非常謙恭、客氣。不管周圍的環境如何，他們總是滿臉掛著微笑。但是，一旦進行談判，進展就變得緩慢異常了。他們對生意中金錢的往來看得極重，一分一釐都要計較，為了合約上一點微末的細節，也可能與對手爭執得面紅耳赤。

在談判中，意見不同，分歧難消。猶太人給人的印象是：他們什麼都要弄個明白。一般說來，和猶太人談判，頭一天大多是以吵架收場。

吵架後，他們第二天照樣邀請對手。見了面，仍然是一副心平氣和的樣子，彷彿昨天什麼事也沒發生。這時候，對手若不冷靜，未能擺脫前一天的陰影，內心怒氣不消，心理不平衡，就會變得急躁無措。

猶太人往往在這種時候，展開新一輪攻勢，又時不時激怒對手，使對方在心裡不平靜中和他們進行洽談。

儘管表面上猶太人也會怒氣沖天，事實上他們非常冷靜。原來他們使用的是「激將法」，在與對手打心理戰。

在猶太人有意的推動下，雙方在爭吵中簽訂了合約。事後冷靜下來，對手可能發現，自己是在稀里糊塗中接受了猶太人開出的條件。這條件明明於己不大有利，但雙方合約已成，無法更改，悔之晚矣。

談判，可以說是一種較量，其中必然有爭執，甚至吵架。猶太人認為，不管雙方爭吵到什麼程度，都必須給對手留點面子。因為，在他們看來，談判中如果對方感到失了面子，從而傷了感情，即使是最好的交易，也會留下後患。

當某一個人的自尊受到威脅或傷害，他就會變得充滿敵意。這時，有人會反擊，有人會避開，有人會變得冷漠無情。但是，胸中的怒氣終有一天會爆發出來，而進行報復。

他們把這種必須給對方面子的做法運用到互相攻防的談判中，這無疑是一種智慧的體現。

愛沙克有一天在紐約電話亭裡撿到了十萬美元，然而他並不交給警方，擅自侵佔了它。

可是在不久以後，他就被警察抓到了。

「你為何不把十萬美元拿給警方呢？」警察問愛沙克。

「如果那些錢真的是屬於窮人的，我早就還給他了！不過擁有十萬美元的人，可絕對不會窮……」

愛沙克理直氣壯地回答。

猶太人認為，談判是為了合作。打倒任何一方，都不是談判的目的。因此，他們在談判時，常常會從對手的角度考慮，並主動關心對方，為對方的立場設想一番。也正因這樣，猶太人在談判中常能贏得對手的友誼，促進談判的成功。

14 既然是一種談判，當然會有強弱大小之分。

猶太人在受欺壓的歷史中，雖然經常處於談判劣勢，卻擁有最高明的談判術。因為只有弱者才會擁有巧妙的談判術，強者根本不需要它，他們可以用強權排除一切阻礙。當然，隨著社會的發展，財大氣粗者越來越沒有用武之地了。

當你處於弱勢，首先應該克服的就是恐懼和驚慌，意識到對手不管多麼強大，只要他坐到談判桌前，就說明在某一方面他確是需要你。既然他需要你，就不可能希望談判破裂。一旦失去你的合作，他自然也會遭受一定程度的損失。所以我們在勢弱時，重要的是戰勝自我，加以強大信心求取勝利。

談判的一般原則是互惠互利。否則，雙方都不會自願坐到談判桌前；尤其是商業談判。只有既考慮到自己的利益，又考慮到對手的利益，雙方才能合作成功。否則，誰願意白白為你效勞？季辛吉與周恩來正是因為找到了「共同對付蘇聯」這個中美雙方共同的利益，各自放棄成見，才終於使談判成功。

世界上沒有免費的午餐，沒有人會讓別人白白佔便宜。即使親朋好友向你借錢，你也難免猶豫不決，更何況是素未謀面的陌生人。問題是：雙方都不肯讓步，又怎能達成協議？

實際商戰中，談判不可能每次都成功。對於不可避免的失敗，應該預先想好對策，免得到時候慌手慌腳，不知所措。

歷史上有名的羅斯柴爾德家族與納粹希特勒的談判，就很能體現猶太商人這一談判的技巧。希特勒侵佔奧地利後，綁架了路易・羅斯柴爾德男爵，威脅該家族以維克威茲公司贖人，但遭拒絕。因為羅斯柴爾德家族早已把該公司的股權轉至英國公司名下，而其時德國尚未對英國宣戰，不敢輕易沒收英國公司的財產，所以希特勒的如意算盤變成了竹籃打水。

談判時，要設定一個最壞的打算，內容列得詳細些，把可能出現的情況都計算進去，並擬出對策。碰到一種壞情況，相應地就得找出一種對策。萬萬不可亂了陣腳，以免壞了大局。

另外，要大膽地正視失敗。能正視失敗的人才能不卑不亢，震懾對手，扭轉局面。即使談判果真失敗，也要設法把自己的損失降到最低限度。

現代商業社會，事件處理的好壞均以金錢衡量。將取得最多的金錢視為勝利，能把損失減到最少也不算失敗。所以，預測可能失敗的情形，並擬好對策，也是高明的談判術之一

有時候，中止談判可能是一件好事。也就是說，在未蒙受損失之前若能及時抽身，是高明的談判術之一。勉強談成而事後無法履行合約，遠遠不如起初就談失敗的好。

最應注意的是，即使談判失敗，仍要保持高尚的人格。

俗語說得好：買賣不成仁義在。保持高尚的人格，談判縱然失敗，卻可能贏來以後的合作。

世上的事奇怪得很，許多事的出現都是你意想不到的。

15 不要毫無所知的坐在談判桌，盡可能和有決策權的人談判。

因為行竊被逮捕的阿布拉，被帶到法庭審判。

在開始審判以前，法官問他：

「你有什麼事情要交代嗎？」

「我希望你給我找一位市內最好的律師。」

聽了這句話，法官嚇了一跳！

「不過，你是現行犯呀！再怎麼為你辯護也是徒然，難道最好的律師能為你做無罪的辯護嗎？我倒是對這一點甚感興趣。」

阿布拉浮泛出揶揄的笑容說：

「是呀！對這一點，我也甚感興趣！」

猶太人主張，談判時，應盡可能和有決定權的人交手。

在猶太人眼中，談判對手的級別愈高，就愈有可能滿足自己的要求。為什麼呢？因為高階層的人會更注意到整體狀況，以此預測並處理可能造成的糾紛。而且，他們有更大的決定權，比較敢冒險做出決定。

每一個組織，其內部都有等級之分。平穩地順著梯子向上爬，一級一級地與對手接觸，直到滿意為止，這是浪費時間。

因此，猶太人若考慮和某個人打交道，首先會弄清楚：這個人是誰？在他所屬的組織裡是什麼職位？他能做哪種決定？

精明的猶太人一旦把上述問題都弄清楚了，就會很有禮貌但直截了當地詢問對手：「你能改善這種情況嗎？」或是「你能幫助我解決這個問題嗎？」或是「你有權力現在就採取我所需要的行動嗎？」

如果答案是否定的，他們就會找一些藉口停止談判，立即轉而去找其他人。

談判時，的確沒有人擁有絕對的決定權。所以，只能寄希望於和那些擁有相當權力的人交手。一旦答下協定，猶太人就會竭力執行，兌現他們的承諾。他們會對對手以誠相待，展現他們的節操。

二十世紀六十年代的中東和談，以色列的領導人曼納契・金就要求與美國總統直接面對面溝通。當美國終於同意遵循中東和平方案時，他要求卡特總統做出承諾。卡特總統最後只得說：「我無權做出一個明確肯定的國家承諾，但我個人保證，如果美國國會不批准這個合約，我就辭職。」有了這個承諾之後，曼納契・金就像吃了定心丸，感到相當滿意。

16 經典案例：喬費爾大戰三洋公司

猶太人非常重視情報，特別喜歡提問。正是這種執著而認真的精神，使他們對自己的業務或某項談判前的準備工作都不致一知半解。打破砂鍋問到底，就是猶太人談判制勝的祕訣。尤其是在一些國際性的重大談判中，猶太人更是重視情報。

喬費爾的的故事

1．注意搜集情報

荷蘭猶太電器銷售商喬費爾打算從日本的一家鐘錶批發商三洋公司進口一批鐘錶。在談判的前兩週，喬費爾聘請了一位精通日本法律的律師出任自己的談判顧問，並要這律師提前收集三洋公司的有關情報。

這日本律師於是一邊為喬費爾預訂房間，一邊著手對三洋公司進行調查。通過查訪，他發現了許多耐人尋味的情況：三洋公司近年來的財務狀況不佳，正力圖改善；這次和猶太人交易的主要商品旅行用時鐘和床頭用時鐘，是承包給台灣和另一家日本廠家製造；三洋公司屬於家族型企業，目前由其第二代掌管，總經理的作風穩健、踏實……情報雖不多，但很重要。例如，價格方面也許波動較大；如果有必要，也許猶太人可以直接從台灣製造廠商那邊採購；那總經理的為人信譽不錯。其中，相關商品是由台灣生產的情報非常重要，這無異於在談判中扣了一張大牌。

喬費爾到達日本後，立即和這日本律師磋商有關談判的種種事項。討論進行了十幾個小時。這日本律師對喬費爾大為讚賞，因為許多請他當顧問的商人到了日本之後，往往匆匆交換一下情況，便急忙去遊逛東京，或是像大多數美國人一樣，心裡早有主張，根本無心聽取別人的意見。

喬費爾坦言自己對日本幾乎一無所知，希望先了解一下日本工商界的大致情況，然後又針對合約中的幾個細節提出法律上的疑問。事前他對日本的民族文化特別關注，並認真地做了研究。

最後，他和律師商定，對商品的單價、付款條件，以及其它細節都由他臨場酌情決定。接下來，由日本律師和他從荷蘭帶來的律師研究兩國的法律差異。

2．設置的談判陷阱

喬費爾與三洋公司的談判即將開始。三洋公司草擬了一份合約。喬費爾和兩位律師商討之後，決定圍繞這份合約，擬出談判策略。

在三洋公司提出的合約草案中，有一條是關於將來雙方發生糾紛時的仲裁問題。三洋公司提議在大阪進行仲裁，解決糾紛。這裡需要提醒一下，代理銷售這一類合約發生糾紛的係因，一般是拒付貨款或產品質量出現問題兩類。

一旦出現糾紛，雙方最好通過協商解決，打官司是萬不得已的辦法。當然，也可以事先在合約中明確約定雙方都認可的仲裁機關。目前，世界上許多國家都設有專門處理商業糾紛的仲裁機構，訴訟和仲裁的目的雖然相同，結果卻明顯不同。仲裁無論在哪個國家進行，其結果在任何一個國家也有效。判決就不同了。因為各國的法律不同，判決結果也只適用於判決之國。也就是說，日本法院的判決書在荷蘭形同廢紙，荷蘭法院的判決書在日本也形同廢紙。眼下，喬費爾思考的重點是：本合約是否可能發生糾紛？發生糾紛的原因會是什麼？究竟是進行仲裁還是提出訴訟對己有利？

對他來說，較容易發生的麻煩是收到的貨物與他所要求的質量不符。草案中雙方議定，先發貨，後付款。為此，一旦貨物的質量出現問題，他完全可以拒付貨款。屆時，三洋公司必然會以貨物符合質量要求而提出訴訟。這樣一來，在日本仲裁，對他就非常不利。但若將仲裁地改到荷蘭，三洋公司必然反對。為了緩和矛盾，他將提出如下的主張：「我們都了解仲裁的麻煩，不願涉及。但為了以防萬一，到時候，不妨請日本法院做出判決。」

這就是喬費爾採取的策略：雙方一旦出現糾紛，日本法院的判決書在荷蘭形同廢紙。即使日方打贏了官司，也根本執行不了。這樣，將來若真的出現糾紛，他乾脆不出庭都可以，連訴訟費都省下了。若這一提議能通過，他自然佔了上風。

設計好這一「陷阱」之後，喬費爾和日本律師開始快快樂樂遊覽去了。

3．巧妙控制談判程度

談判開始。喬費爾首先做了簡短的發言：

「雖然我曾去過許多國家，但來到美麗的日本，更使我高興萬分。

「貴公司的產品質量可靠，很有發展潛力，若能打開歐洲市場，對我們雙方都很有利。所以，我很希望雙方能夠建立合作關係。」

這段致詞雖然簡單，日本人聽後卻非常高興。

日方幾位代表的年紀都比他大，很穩健，只是禮貌性地寒暄了幾句。

接下來的談判自然也很順利，諸如鐘錶的種類、代理地區、合約期限等事項，幾乎沒有多大分歧。事實上，這種情況正是喬費爾所希望的。他刻意先挑出這些小問題進行討論。先從容易解決的問題入手，這正是談判的基本技巧之一。

因為談判剛開始，彼此還陌生，存在一些戒心，一下子直接涉及焦點問題，若分歧太大，談判就很難進展下去。先易後難，可加深雙方的了解，穩定雙方的情緒。一旦大部分條款都達成了共識，只個別一兩個問題出現矛盾，雙方必然都會努力溝通，以免前功盡棄。

4．一串虛招下藏著的一劍

談判遇到了第一個波折。

按照三洋公司的意見，一旦他們出產的鐘錶在歐洲銷售時遇到侵犯第三者的造型設計、商標或專利的糾紛，他們將不承擔責任。

喬費爾對此完全不能接受，因為這種情況很可能發生。倘若真的發生，由自己承擔全部訴訟費和因無法銷售而造成的損失，那太過分了。

這一點，三洋公司寸步不讓。其實，喬費爾之所以提出異議，是為後面價格的討價還價埋下伏筆。因為對方在這一點上堅持，其它地方就不能不讓步。

談判時議程的安排對結果大有影響。這次談判，倘若一開始便討論價格問題並定下來，喬費爾就會少掉一個牽制對方的籌碼。果不出所料，日方代表應允可以保證他們的產品質量。但要保證其產品與其他廠家不相似，他們無論如何也不答應。

雙方僵持不下。良久，喬費爾提出了他的方案——

「一旦出現這種情況而又敗訴，我方的損失有兩部分，一部分是訴訟費，一部分是賠償費。我方可以承擔訴訟費，由貴方承擔賠償費，如何？」

「不！」

「那麼，雙方各承擔全部損失的一半？」

「不！」日本人答得乾脆。這時候，談判氣氛開始緊張。

「既如此，貴公司承擔的部分以五千萬日元為限。」

三洋公司的代表仍是一口拒絕。

喬費爾又退了一步：

「我方可保證每年最低1億日元的銷售量，貴方的承擔降到四千萬日元。」日方代表的態度終於有所動搖。因為談判中老是搖頭，豈不是太缺乏誠意了……但經過一番的思考之後，答案仍然是：「不！」

對此，喬費爾明知對方不讓步，卻偏偏緊追不捨，其意圖如下：其一，是故意為談判鋪設障礙，因為談判若過於一帆風順，對方會產生懷疑；其二，故意讓對方在這個小問題上堅持，從而使其產生心理負擔，也好在重要方面迫其讓步。

這時，喬費爾突然聳聳肩，說這回遇上了強勁的敵手，語氣中大有奉承之意。然後話鋒突然一轉：

「本人對耗費大量精力的仲裁方式從來沒有好感。據我所知，日本的法院非常公正。因此，我提議，今後若有糾紛，就由日本法院判決。」

對此，日方代表非常爽快地答應了。日方之所以如此爽快，一是因他們誤以為在本國打官司對己有利；其次，可能是出於對自己老是搖頭的態度做出回報。

在這場談判中，表面上喬費爾一再讓步，顯得被動，也顯示了自己對談判的誠意，實質上是一串虛招裡藏著一把利劍，最後日方終於中計。

5．用「感情」和「利害關係」說服對方

最後談到了價格問題。起初，日方開出單價二千日元，喬費爾還價一六〇〇日元。其後日方降為一九三〇日元，喬費爾增至一六五〇日元。談判再度陷入僵局。

為此，喬費爾又提出種種方案，諸如：原定貨到四個月付款可改為預付部分定金；將每年的最低購買量增至1.5億日元或拿出總銷售額的2％作為廣告費等。

但日方代表態度強硬，拒絕考慮一九〇〇日元以下的價格。談判只好暫停。下一輪談判一開始，喬費爾首先發言：

「這份包括24項條款的合約書，是我們雙方用半年多的時間草擬的，又經過諸位幾天的討價還價才達到雙方幾乎全部同意的結果，現在僅僅為了單價上幾百元的差距而前功盡棄，實在太可惜了。

「我們都明白，價格高，銷售量就會減少，價格低，銷售量自然會增加，而我們的利益又是一致的，為什麼不能找出一個雙方都能接受的適當價格呢？」

接著，他以非常溫和的方式打出了早已準備好的台灣牌：

「對我方來說，涉足新市場的風險很大，貴方的產品，歐洲人又很陌生，我方

並沒有擊敗競爭對手的高度把握。

「經過幾天的談判，諸位可以看出我方的誠意。然而，貴方開出的單價實在太高了。我相信，按我方開的價，一定能從台灣或香港買到同等質量的產品。當然，我並未想去別的地方採購，但最起碼我們從貴方的進貨價格是不能比別的地方高太多的。」

這番以「感情」和「利害關係」為策略的婉轉之言很具有說服力，暗含著若對方再不答應，他便和其他廠商合作的威脅之意，日方不得不慎重考慮。

6．喬費爾的「最後通牒」

「現在，我方再做一重大讓步，那就是一七〇〇日元這個數。在價格上，我這方面已完成了這份合約，以後就看貴公司的態度了。現在我們先回飯店準備回國事宜，請貴方認真考慮。兩小時後，我來聽貴方的佳音。」

說完，喬費爾和兩位律師站了起來。三洋公司的總經理趕忙留客。喬費爾以微笑而堅決的態度婉言拒絕了。顯然，他下了不惜前功盡棄的賭注。

其實，他這是發出「最後通牒」，以圖打開僵局。當然，三洋公司是否同意，完全取決於他們自己。但他的話表明了決不讓步的態度，從而給對方造成了壓力。

結果，日方果然中計。三洋公司的常務董事說：

「先生所提出來的價格，我方基本接受了。但能不能再增加一點？」

喬費爾沉默了許久，掏出計算機按了一會兒，終於又拿起合同，將先前的數字改為一七二〇日元，然後微笑地說：

「這20日元算是我個人送給貴公司的優惠吧！」

7・大計終於實現

在合同簽訂後的三年中，雙方的交易似乎很順利，卻突然出現一場意想不到的糾紛——美國的S公司聲稱三洋公司的產品與該公司的產品相似。喬費爾迅速派出律師進行調查。

原來，三洋公司曾為S公司製造過一批時鐘，喬費爾的產品正是以那批產品為藍本，略作修改，製造出來的，自然十分酷似。對此，S公司要求喬費爾立即停止鐘錶銷售，並賠償10萬美元。

三洋公司對此事的態度十分消極，一直拖了四個月，未做明確答覆。喬費爾只好停止了鐘錶的銷售，並答覆S公司，請他們直接與三洋公司協商賠償。

由於三洋公司的態度，喬費爾拒付拖欠三洋公司的2億日元貨款。

於是，三洋公司派人氣勢洶洶地來找喬費爾。來人說，盜用鐘錶款式是一回事，喬費爾的欠款是另一回事。喬費爾回答，三洋公司的行為使他無論在經濟上還是名譽上，都蒙受了巨大的損失，理應由三洋公司賠償。喬費爾的話當然合理，因為三洋公司把稍加改動的同一產品賣給了兩家公司，自然是一種欺騙行為，嚴重損害了喬費爾的利益。

雙方談判了一段時間，仍無實質性的進展。終於，三洋公司決定向大阪法院提出訴訟。

喬費爾的律師做了回答：「請便！只是，恐怕不久貴方就會明白這種訴訟毫無意義！

「首先，在日本法院向荷蘭公司提起訴訟，必須經過繁雜的手續。您得先向日本法院提出起訴狀，由日本法院呈到日本外交部，再由日本外交部轉呈荷蘭外交部，然後送到荷蘭法院，最後由荷蘭法院通知喬費爾應訴。光是中間傳遞起訴書，就得花上至少半年時問，等打完了官司，大概得好幾年。即便是官司打完了，日本法院的判決，在荷蘭也形同廢紙。」

其時，三洋公司還不明白其中的道理。不久，三洋公司總經理帶了一位律師去見喬費爾的日本律師，揚言三洋公司要去荷蘭打官司。

喬費爾的律師不慌不忙地說：

「合約書上規定，以大阪法院為惟一裁決所。所以，即使您到了荷蘭，荷蘭法院也不會受理。」

「這不是太荒唐了嗎？」三洋公司的總經理氣急敗壞地看了一眼自己的律師。

「這種可能性很大。」那位律師坦白承認。

時間又過了三個月，法院沒有絲毫動靜。三洋公司仍不死心，一味地要訴諸法律，一直不願私下和解。雙方你來我往，頻發電傳，卻毫無進展。眼見僵局難解，喬費爾的律師打出了最後一張王牌。

「總經理，就算我對法律條款的理解有誤，假設日本法院的判決在荷蘭同樣有效，貴公司依然無法從喬費爾身上得到一分錢。您也知道，歐洲大部分國家的稅收極重，所以許多人到稅收較輕的荷蘭辦起『皮包公司』。這些公司的一切都裝在老板的皮包裡，沒有任何實際資產。喬費爾的公司也是荷蘭的空殼公司，公司的錢放在哪裡，只有他自己知道。或許放在瑞士銀行……」

這下才徹底擊敗了三洋公司的總經理。他毫無辦法，只能聽憑喬費爾的擺布。最後，雙方商定由喬費爾支付三洋公司四千萬日元的欠款，其餘1.6億日元的欠款抵作賠償金。

Lesson 08

幽默的智慧

笑話中永遠有很多真話。

睿智的人才會懂得幽默。

「笑」產生自心靈的餘裕，只要心靈方面有這種餘裕，不管碰到任何苦難都不會感到挫折。「笑」能夠予人勇氣，而勇氣能夠產生笑。有一句俗語說：「哭與笑都會流出眼淚。不過因為笑而流出眼淚時，眼睛絕對不至於變紅。」笑能夠克服悲傷，笑能夠給人一種優越感，「笑」也是人類尊嚴的守護者。

如果說猶太人是魚的話，那麼笑話就是水了。對猶太人來說，笑話是一種使人際關係圓滿的潤滑劑。世上不可能有不必加油的機械，同樣的，一則笑話也能夠沖淡悽慘的生活，亦能夠守住自己的尊嚴。

人類社會為了維持複雜的關係，每個人都受到眾多的法則所束縛。為了維持社會的運作順利，不得不把每個人的行動列入管理。笑話也就是管理社會中的一種精神解脫。

換言之，笑話也就是對高度管理社會的一種破壞活動，也是對所謂管理化的「快哉式復仇」。不過，笑話不同於暴力，乃是一種和平的破壞行動。近代的科學技術對人們的管理進一步的強化，以致笑話的任務也越形重要。因為「笑」也者，乃是一種抵抗，亦即人類的「獨立宣言」。

為了維持身心的健康，每天最好多說說笑話，至少大笑一次。我認為尋回人間的樂土，除了潔淨的空氣、清淨的水，以及漫山遍野的綠色大地外，還需要上乘的好笑話。

同時，看了這些笑話以後，不僅有助於理解猶太人，更能夠磨鍊你的頭腦，使你變成又幽默，腦筋又靈光的現代人。

政治擔當者

一九三〇年的莫斯科，住宅不足的問題很嚴重。於是，住宅委員會的委員分頭挨家挨戶的拜訪，以便找出住宅比較寬敞的人家。

「請問范莉女士，妳家總共有三間房對不對？那麼，家人有多少呢？什麼？只有兩夫婦跟一個小孩？那麼，我們換給你們兩房的住宅好了。」

范莉吼著說：「你們竟敢惹老娘！我的老公是解放纖維工廠協會的會長哩！等會兒我就跟他說去！」

委員們嚇了一大跳說：「啊！真對不起！范莉同志，打擾啦！」委員們一樓接一樓的拜訪住戶，結果都是大同小異。

最後，他們來到了閣樓。

按了電鈴以後，考恩老人出來開門。

「你這地方只有一個半房間嗎？什麼？只居住著你一個人？如此未免太浪費啦！限你在一個星期內搬出去。我們會撥給你一個房間。」

考恩大發雷霆的說：「你在嚼什麼舌根呀！你們難道不認識我嗎？我乃是政治擔當者也！快滾吧！」

「啊！非常對不起！考恩同志！」委員們低頭賠不是，走出了公寓。

一夥人失魂的在大街上走著。突然有個委員停止了腳步，思考了一陣子說：「那個叫考恩的老東西說他是政治擔當者，真的有那麼一回事嗎？咱們且再去問個一清二楚。」

委員們又爬到了閣樓。

考恩：「你們又來幹什麼？你們想知道我何以自稱為政治擔當者嗎？那麼，我就告訴你們吧！舉一個例子來說，如果現在的政府一旦被打倒的話，失敗的責任將由誰來負責呢？不用說，那一個人頭，正是猶太老人考恩！也就是我！」

合理的說法

在蘇俄，革命後十年，摩依修被傳喚到市公所。

「你今年多大歲數啦？」市公所的職員問。

「我今年四十歲。」摩依修回答。

「可是，看起來好像不只四十歲。」職員以一種十分好奇的表情問：「你到底哪一年生的呀？」

「一八七七年。」

職員更感到莫名其妙：

「如此說來，你應該是五十歲，而並非四十歲。」

摩依修無可奈何的搖搖手說：

「我想你也知道，最近這十年，唉！根本就不能算成是我生涯的一部分呀！」

神的幫助

蘇魯凱很想成為黨員，他的申請已經被受理，但必須通過嚴格的口試才行。

「你一定能成功的！」他的朋友都說：「我們都想趕快知道結果，所以嘛……

我們要在大門口等你。」

蘇魯凱一顆心七上八下地走到考試官面前。

「對於神，你有什麼感想呢？」一個考試官板著面孔問。

「那是有產階級為了壓抑民眾而創造出來的玩意兒。」

「好！」考試官說：「那麼，你認為教會跟猶太集會的所作所為如何呢？」

「無非是黑暗與反動的賊窟罷了。」蘇魯凱以嚴厲的口吻說：「必須全部沒收，再把它們改成平民住宅……」

接著，考官又問了好幾個類似的問題，考試就算完畢了。

蘇魯凱走了出來，朋友們把他包圍起來說：

「結果如何呢？」

蘇魯凱滿面光彩的說：

「謝謝神的幫忙，我合格了！」

勒索

一九七〇年的波蘭。在這個時期裡，共產主義國家波蘭掀起了反猶太人運動。

猶太人都從工作場地被趕走，被迫直接或者是間接地移民到國外。

兩個猶太人在華沙街頭不期而遇。

「你近況如何？」其中一個人問。

「馬馬虎虎啦！」

「還馬馬虎虎嗎？你不是被免職了嗎？」

「是啊！」

「那麼，你如何過日子呢？」

「靠欺騙呀！」

「什麼？靠欺騙？你到底欺騙誰呀？」

「還用問嗎？自然是欺騙一直與我們作對的波蘭人呀！」

流浪者

在天堂的大門前，聖保羅在詢問一個人：

「你在哪兒出生呀？」

「奧匈帝國。」

「你又在哪兒生活呢？」

「匈牙利。」

「你在哪兒結婚？」

「捷克斯拉夫。」

「你又在何地死亡呢？」

「俄國。」

「我不能讓一個流浪者進入天堂。」

「聖保羅大爺，我可以對天發誓，我一生都不曾離開過蒙卡吉呀！」（譯按：蒙卡吉現在為蘇俄領土。到一九二〇年為止，屬於匈牙利領土，到了一九二八年為止，屬於捷克斯拉夫。）

馬克思大夫

在實施社會主義的捷克布拉格市街頭。

沙可夫斯基：「赫茲堡你聽我說，你已經入黨了，我也很想入黨。但是為了入黨，必須接受黨委員會的考試。為了到時我不會難以下台，請你教教我吧！」

「好吧！那麼，你知道誰發明了社會主義嗎？」

「我不知道啊！」

「瞧你！連起碼的常識都不知道，就是馬克思大夫呀！」

「大夫嗎？既然是大夫，為何不用狗先做實驗呢？」

英雄

在第一次大戰時期，捷克軍曾經在多克拉英勇戰鬥。

考恩跟羅畢傑交談得正起勁，以致紅燈亮起時仍然一無所知，繼續穿越布哈拉的街道。就在這時，一個交通警察跑過來阻止他們說：「喂！你們不曉得紅燈亮起時就不能再穿越街道嗎？我要罰你們錢！」

羅畢傑：「喂！警察大人同志！那一句話也適用於多克拉的英雄嗎？」

交通警察感到很尷尬，於是有點討好的說：「那就算啦！其實這個規定也可以保護你們呀！下次請多多注意吧！」

走到了對面時，考恩莫名其妙的問羅畢傑：「你到底在胡說什麼呀？我倆何時又變成了多克拉英雄呢？」

「你的腦子別那麼迂腐好不好？的確，我倆並不是什麼多克拉的英雄。可是，讓那個警察聽了又不傷什麼大雅，你說對不對？」

兩個理由

一九六〇年，考恩到布拉格市公所申請國外移民。

「為什麼要移民到國外呢？」辦事員問。

「我有兩個理由。」考恩說。

「到底是什麼理由呀！你不妨說說看。」

「第一個理由是，有人說最近會發生政變。」

「哪會，」這位公務人員斬釘截鐵地說：「那種事情是絕對不會發生的！」

「對了！對了！」考恩說：「那就是第二個理由！」

並非老糊塗

一九六〇年，考恩又在相同的市公所申請移民到國外。辦事員又問他理由。

考恩說：「在美國，我有一位很富有的伯母，她又瞎又聾，答應死了以後讓我繼承數百萬元的財產。所以嘛……我現在就想去照顧她。」

辦事員卻說：「你不妨寫信叫你伯母回來，如此的話，你就不必到美國照顧她了。同時叫她順便把財產帶過來。」

考恩：「我說過伯母又瞎又聾，但是，我並沒說她又白癡、又糊塗呀！」

友人與兄弟

一九六七年，蘇聯軍隊進駐布拉格。貝魯魯問修美爾：「我說修美爾呀！你認為蘇聯軍隊到底是咱們的友人呢？還是咱們的兄弟呢？」

修美爾瞪了他一眼，說：「他們當然是咱們的兄弟呀！如果是朋友的話，咱們就可以選擇啦！」

國家重建運動者

國家重建運動主義，在共產主義國家受到嚴厲的批評。

以「布拉格之春」為契機，俄軍進駐捷克斯拉夫時，布拉格市民重新創造了「國家重建運動主義」的定義。

在布拉格，所謂的「國家重建運動者」是指什麼呢？

那是指——向蘇俄戰車吐口水的捷克人。

安全的國家

一九六七年，蘇聯「友軍」駐進捷克斯拉夫時，在布拉格街頭流行了如下的一則謎語——

「世界最安全的國家在哪裡？」

「……」

「就是以色列呀！因為它的四周都被敵人包圍。」

偉大的將軍

一九六九年，在蘇聯的一個學校。

老師：「你們知道誰是偉大的將軍嗎？」

魯迪：「我知道！他就是庫茲索夫。」

老師：「對於庫茲索夫，你知道多少呢？」

魯迪：「庫茲索夫先把拿破崙引誘到莫斯科去，等到寒冷的冬天時，再把拿破崙打敗。」

老師：「好吧！除了這位庫茲索夫之外，你們還知道哪一位將軍？」

卡魯利：「還有史達林。」

老師：「關於史達林，你知道一些什麼呢？」

卡魯利：「史達林把希特勒引誘到優爾加河，待到寒冬時再打敗希特勒。」

老師：「好的。你們能夠再舉出一位偉大的將軍嗎？」

摩利茲：「還有納雪爾將軍。」

老師：「你知道納雪爾將軍的英勇事蹟嗎？」

摩利茲：「納雪爾將軍把以色列的軍隊引誘到蘇伊士運河，現正等著冬天的來臨呢！」

老師：「……」

牽制作用

在英國委任統治時代，有一段時期之內，對巴勒斯坦的移民嚴格地控制，有時甚至完全拒絕入境。國家重建運動者分成很多黨派，彼此間存著一種敵對意識。

耶路撒冷的一個英國警官說：「今天，我逮捕了二十名違法入境的人。米斯拉熙派四名，波利茲恩派三名，修正派國家重建運動者五名，共產黨兩名。」

上司說：「很好。他們在哪兒啊？」

「他們在前面等著呢！」

「你笨透啦！他們一定會逃掉的！」

「關於這一點，您用不著擔心。他們一直不和睦，因此彼此互相監視，一個也逃不了的！」

希伯來語

從德國移民到以色列的猶太人到海邊游泳。由於一下子漂到了深處，站不穩，他慌張的用希伯來語喊著：

「救命！救命！」

救生員把他拉起來，笑著對他說：

「你好笨！不如用學習希伯來語的時間學會游泳，這樣比較合算呀！」

猶太人的故鄉

在以色列特拉維夫的郵局。

郵務士：「這封信的重量超過二十公克，所以嘛……請你多貼一張郵票。」

寄信的猶太女人憤怒的表示：「你呀！如果這封信比二十公克還輕的話，你諒必不會把多餘的錢還給我吧？你這種如此的缺乏人情味的作法，怎能說此地是猶太人的故鄉呢？」

遵法精神

以色列的居住問題一向很嚴重。幾個德裔的猶太人只好在報廢的火車廂裡找到了臨時居處。

有一夜，幾個德裔猶太人穿著睡衣，在寒風中顫抖不已地來回推著火車。

一個本地猶太人很納悶的看了一陣子，然後問：

「你們到底在玩什麼花樣呀？」

「因為有人要上廁所。」他們耐心的說明：「車廂裡寫著：停車中禁止使用廁所。所以嘛……我們才推動車廂呀！」

猶太人

飛到以色列的飛機，中途停在羅馬。一名個兒高大，金髮碧眼的挪威人進入飛機裡面，坐在紐約猶太女人的隔壁。她不停的用側眼看他，然後問他：

「恕我冒昧，您是否是猶太人？」

「不是的。」

「那麼，您為何要到以色列呢？您真的不是猶太人嗎？」

「我已經說過，我不是猶太人。」

「我實在不明白，如果您不是猶太人，您搭乘這班飛機要到以色列幹啥？您一定是……」

為了擺脫無謂的糾纏，挪威人只好粗著嗓子說：

「好吧！我就是猶太人！」

紐約的女猶太人聽了之後，凝視著他的面孔一會兒又說：

「這樣看來，您實在又不像是個猶太人……」

貴重的一個小時

「修洛美，聽說稅務人員昨兒個到你家裡，他帶走了什麼東西沒有？」

「他只帶走了我貴重的一個小時罷了。其餘的東西都登記在內人名下，他也拿我沒辦法呀！」

狂歡節的禮物

以色列建國以後不久的貧乏時代，逢到狂歡節那一天，總理賓克利恩跟財政部長、物資局長坐著直升機，往下瞧著特拉維夫的街頭風景。

賓克利恩說：「我實在不理解，稅金那麼高，物資的配給又很貧乏，為何民眾還能夠那麼高興？」

財政部長：「如果把裝滿錢幣的袋子扔下去，他們一定會很高興。」

物資局長說：「如果把砂糖麵粉的袋子扔下去，他們將更為高興。」

賓克利恩說：「如果把你倆扔下去的話，他們將高興得手舞足蹈起來了呢！」

出埃及記

賓克利恩出兵到西奈半島的期間，曾召請兩位年高德劭的拉比到營內。軍中記者興趣十足的問：「總理跟您倆說了些什麼呢？」

拉比回答：「他問咱倆，摩西率領以色列人逃出埃及時，何以能夠忍受西奈半島的氣候達四十年之久呢？」

工作服

賓克利恩必須至勞動公會演講。不過在這之前，他因為要接待外國的賓客，所以只好穿著燕尾服到勞動工會演講。他開始演講的第一句話是：

「各位，請原諒我穿著工作服來到此地。」

凱迪拉克

以色列總理賓克利恩在訪問美國之前，彼邦曾經傳出一段醜聞，說是上院議員收了賄賂物品。

賓克利恩回到以色列以後，街頭巷尾蜚短流長。

在訪美期間，賓克利恩夫婦在白宮受到了盛大的歡迎。臨別之際，美方表示要送他一輛凱迪拉克。這時，賓克利恩想到了美國人對賄賂的深惡痛絕，於是說：

「接受贈物有違我一向的作法。」

「好吧！」想贈送的對方說：「那麼請付車子的代價！」

「多少錢呀？」賓克利恩問。

「一百美元。」

「老公，那你就買兩輛吧！」老婆寶拉夫人在他老公的耳邊囁嚅。

聽越多越高興

以色列總理賓克利恩卸任時，反對黨議員打電話到賓克利恩的家裡。

「請問，總理兼國防部長賓克利恩先生在家嗎？」

電話由夫人寶拉接聽。她回答說：「我丈夫再也不是什麼總理，以及國防部長啦！」說完，寶拉掛斷了電話。

然而，這個人卻前前後後打了三次電話。到第三次時，寶拉不由動怒地說：

「我已說過兩次，我丈夫再也不當官啦！你怎麼囉嗦個沒完？」

「反正啊！關於這件事，我聽越多次就越感到高興。」

撞牆

美國總統的助理約瑟夫．西斯可為了調停勞工方面的問題來到了以色列。在以色列的期間內，他很勤快的到處看看，當他來到了「哭牆」前面時，他向同行的以色列人說：

「為何以色列人站在那兒，要把身體前後搖擺呢？」

「那就是猶太人的祈禱方式呀！」以色列人說明。

西斯可就站立在牆前，同樣地搖動著身體，並以很大的聲音祈禱說：「神哪！把以色列人佔領的埃及、約旦，以及敘利亞的領土都還給他們吧！」

如此一來，同行的以色列人也朝牆壁祈禱說：

「世界的主啊！您就叫這個外國人的祈禱撞牆吧！」

正當防衛

中東六日戰爭以後，阿拉伯各國、東歐各國，甚至全世界的國家都認為以色列是侵略者。

有一次，英國人、法國人以及以色列人被食人族抓到，不久以後將煮食。酋長對三個人說，可以成全他們最後的願望，叫他們儘量的提出來。英國人要求一瓶威士忌酒，法國人要求一個年輕的女人，以色列人則要求酋長踢他的屁股。酋長成全了以色列人，以色列人滾到二十公尺外，突然從身上拔起槍來射殺酋長，然後解救了英國人以及法國人。

英國人和法國人道謝以後，不解的問以色列人：

「你為什麼不直接斃了他呀？」

「因為我不喜歡老被當成是先出手的人。」

奇蹟

六日戰爭打完了，宣布休戰。隔著約旦河，以色列兵跟約旦兵和平的相望，他們始終沒有進入戰壕。

有一天，在以色列這一邊，修姆爾站了起來，走到了河岸旁，閉起眼睛，把一雙手伸開祈禱——接著，踏著水走到了約旦河彼岸，然後再轉身回到以色列這邊。

約旦兵被嚇壞啦！屏住呼吸看著那一幕，沒有一個人敢射擊。

翌日，修姆爾又重複相同的動作。在約旦兵的驚訝之下，他日復一日的重複這種動作。到後來，約旦兵再也忍受不了了！「最後的奇蹟發生是在耶穌基督身上。猶太人哪！根本就不承認耶穌。然而，咱們一直認為耶穌是預言者。既然猶太人做得出來，咱們絕對沒有做不來的道理，否則的話，不被人看扁了才怪！」

於是，阿里閉起了一雙眼睛，伸開兩手，一步一步地走入約旦河——結果呢？吃了好多水，差一點就溺死啦！

「我想，約旦兵阿里的作法一定錯啦！」

有幾個人再接再厲，結果都是差一點就死翹翹……

以色列士兵幸災樂禍的在觀看。

修姆爾說：「看情形，俺還是把哪兒有石頭告訴對面的約旦小子吧……」

交換將軍

六日戰爭後，尼克森總統與梅爾總理碰面。在交談時，尼克森小心翼翼的提出，是否能夠用兩名美國的將軍交換兩名以色列將軍？

「沒有不行的道理。」梅爾總理說：「但不知您想要哪兩位將軍呢？」
「我考慮的是，」尼克森回答：「戴陽與拉賓兩人。」
「好的。」梅爾總理說：「那麼我要華盛頓跟林肯。」

黑色胸罩

以色列的戴陽將軍在一次戰鬥裡喪失了一隻眼睛。自此之後，他就一直戴著黑色的眼罩。

尼克森總統正在觀賞脫衣舞。到了最後，跳舞的女人把衣服都脫光，只剩下一個黑色的胸罩。後來，舞孃脫下它，把它斜戴在頭上。

看到這裡，尼克森突然拍了一下自己的腦袋說：「啊！對了！我差點忘了，我要寫信給戴陽！」

依賴神

天堂的神聽到人世很不平靜，為了探查虛實，神派遣天使到人間走一趟。天使回到天堂後報告：

「蘇聯在製造洲際飛彈，美國也在製造迎擊用的飛彈。埃及人在挖避難壕，在窗戶旁堆積沙袋。不過，阿拉伯人都坐在咖啡屋裡面喝白葡萄酒，大規模慶祝節日，議論著一些無聊的問題。猶太人天天都在看電視，彷彿沒有戰爭，甚至相信永遠不會發生戰爭似的！」

聽了這句話，神不覺脫口而出說：

「乖乖……這些傢伙又要依賴我啦！」

神父的情報

兩個猶太人兄弟來到美國之後改信了天主教，有一天，他們同時來到教堂作禮拜，並向神父懺悔。

吉達夫先說他本身犯了第六戒（姦淫罪）。神父問他對方是誰，可是吉達夫只一味沉默，並沒回答這個問題。

「是不是早餐店的瑪姬？」

「不！」

「還是咖啡店的金髮女郎露西？」

「也不是！」

「那麼，是不是郵局局長的女兒佩芙？」

「也不是。」

因為吉達夫不肯說，所以神父也拿他沒辦法。

吉達夫出了教堂之後，弟弟問他：

「你的罪是不是已經一筆勾消？」

「不，可是神父卻告訴我三個可以下手的對象了。」

〈全書終〉

國家圖書館出版品預行編目資料

一生受用的猶太人家教／孟達夫著 -- 初版
-- 新北市：新 Book House，2018.06
面；　公分
ISBN 978-986-96415-1-7（平裝）

1. 家庭教育　2. 親職教育　3. 猶太民族

528.2　　107005986

一生受用的猶太人家教

孟達夫／著

〔出版者〕　新 BOOK HOUSE
電話：(02) 8666-5711
傳真：(02) 8666-5833
E-mail：service@xcsbook.com.tw

〔總經銷〕　聯合發行股份有限公司
新北市新店區寶橋路 235 巷 6 弄 6 號 2 樓
電話：(02) 2917-8022
傳真：(02) 2915-6275

印前作業　菩薩蠻數位文化有限公司

初版一刷　2018 年 6 月